En busca de
un nuevo orden

PAIDÓS ESTADO Y SOCIEDAD

Colección dirigida por Carme Castells

Últimos títulos publicados:

Ralf Dahrendorf

En busca de un nuevo orden

Una política de la libertad para el siglo XXI

Título original: *Auf der Suche nach einer neuen Ordnung*
Publicado en alemán, en 2003, por Verlag C.H. Beck oHG, Munich

Traducción de Vicente Gómez Ibáñez

Cubierta de Mario Eskenazi

© 2003 Verlag C.H. Beck oHG, München
© 2005 de la traducción, Vicente Gómez Ibáñez
© 2005 de todas las ediciones en castellano
   Ediciones Paidós Ibérica, S.A.,
   Av. Diagonal, 662-664 – 08034 Barcelona
   www.paidos.com

ISBN: 978-84-493-1739-2
Depósito legal: B.43.125-2008

Impreso en Book Print Digital
Botànica, 176-178 - 08908 L'Hospitalet de Llobregat (Barcelona)

Impreso en España – *Printed in Spain*

SUMARIO

INTRODUCCIÓN

Las seis conferencias que aquí se reúnen y se presentan en forma de libro fueron pronunciadas a finales de 2001 y principios de 2002 en el Instituto de Ciencias de la Cultura de Essen bajo los auspicios de la Fundación Krupp. En tanto que análisis social y político del presente, estas conferencias no podían menos de estar influidas por las circunstancias del momento. La primera de ellas se pronunció exactamente ocho semanas después del 11 de septiembre de 2001. La destrucción de las Torres Gemelas por terroristas suicidas marca un antes y un después. En Estados Unidos, el *Nine-Eleven* (el 11-S) se ha vivido de forma traumática como la demostración de la vulnerabilidad de la mayor potencia mundial, un trauma que incluso supera al causado por el ataque japonés a Pearl Harbour en 1941. En una Europa familiarizada con el terrorismo, los efectos indirectos de este acontecimiento no han sido menores. Las democracias europeas han empezado a hablar al unísono de guerra, y no se han conformado con simples palabras. El hecho de que esto haya coincidido con el final de un largo período de prosperidad económica e incluso que, en parte, éste haya mostrado ser una engañosa pompa de jabón, no ha sido de mucha ayuda para la conciencia colectiva. Tras un período de optimismo casi desbordante, el miedo se ha extendido por todas partes.

Son muchos los que se plantean nuevas preguntas. ¿Asistimos a algo parecido a un choque de civilizaciones? ¿Tendrá la guerra contra el terrorismo un final? ¿Es posible dar marcha atrás en ese proceso de globalización del que tanto se habla y que tantas oportunidades promete? ¿Qué ha de suceder para que las economías nacionales del mundo desarrollado logren recuperarse del golpe que supone el hundimiento de la nueva economía? Estas conferencias sobre la política de la libertad en un mundo desbocado no resolverán este enigma. Pero la actualidad es sólo la música que las acompaña, no su verdadero objeto. Su pretensión es más bien arrojar un poco de luz en la confusión que domina el mundo de principios del siglo XXI.

El término «globalización» no define suficientemente este mundo. Yo prefiero hablar de un mundo desbocado, de *a runaway world* (según la expresión de Anthony Giddens), de un mundo desenfrenado. Estas conferencias hablarán de un mundo incontenible y anómico, de la reconstrucción de la vida humana, de las nuevas desigualdades y conflictos, de las instituciones políticas amenazadas y de las que se están formando, así como de las esperanzas puestas en el futuro.

La libertad es la brújula que ha de orientarnos por este territorio que aún no figura en los mapas. La libertad a la que me refiero es el tema de la primera conferencia. No se trata de una libertad entendida como estado, y por lo tanto como mera posibilidad de alcanzarla, sino de una libertad entendida como la actividad capaz de hacer realidad las oportunidades que ofrece la vida. La libertad activa es el tema que me ha ocupado permanentemente.

Con esto queda también anunciado el punto de vista de estas conferencias, a saber, el del trabajo fronterizo entre la ciencia social y la política, entre el análisis y la acción. Aunque hace ya mucho tiempo que he abandonado esa gran organización llamada *scientific community*, desde entonces no he ingresado en ninguna otra. Los vínculos determinados por el origen me son absolutamente ajenos. Karl Popper lo ha formulado por mí con total rotundidad: «Cuanto más nos esforcemos por volver a someternos a la magia del origen, con tanta mayor seguridad acabaremos en la inquisición, en la policía secreta y en la visión romántica de la banda de *gangsters*». (Del terrorismo, podríamos decir hoy.) Para mí, como para Popper: «En nuestra marcha hacia lo desconocido, lo incierto y lo inseguro, hemos de aprovechar los medios que la razón pone a nuestra disposición para garantizarnos ambas cosas, la seguridad *y* la libertad». Este gusto por la acción significa también que, pese a todo, el análisis que sigue no es un análisis pesimista, sino esperanzado. Esto es válido especialmente para la primera conferencia, pero también para las siguientes y sobre todo para la última.

Lo diré otra vez: los textos que siguen son conferencias. Su publicación en forma de libro no me ha hecho cambiar su estilo. Las seis conferencias están concebidas como un todo, aunque cada una de ellas también debería poder valer por sí misma. Estoy muy agradecido a las gentes de Essen y de sus alrededores por su predisposición a escuchar y a enriquecer mi argumentación con sus preguntas. No exagero si digo que las relaciones iniciadas a partir de estas conferencias han cambiado mi vida. El profesor Jörn Rüsen y su colaborador en el Instituto de Ciencias de la Cultura me ayudaron con sus consejos y su apoyo. Mi ayudante, Edith Emmenegger, no se limitó a velar por que las buenas intenciones se tradujeran en hechos. La editorial C.H. Beck y sobre todo Ernst-Peter Wieckenberg, así como Detlef Felken, han cuidado de la edición con su habitual esmero.

Londres, octubre de 2002
R. D.

1

NUNCA NOS HA IDO TAN BIEN COMO AHORA. SOBRE LAS OPORTUNIDADES

El 20 de julio de 1957, el político británico Harold Macmillan, ascendido al cargo de primer ministro, pronunciaba en el estadio de fútbol de Bedford un discurso que pasaría a la historia fundamentalmente por esta afirmación: «Seamos sinceros, a la mayoría de nosotros nunca nos ha ido tan bien como ahora. Recorred el país, las grandes ciudades, los pueblos pequeños, y encontraréis un bienestar que jamás habéis visto antes, al menos en la historia de este país». Los políticos suelen vanagloriarse de decir «verdades incómodas»; por eso raras veces hablan como Harold Macmillan, pues su verdad es, por decirlo así, una «verdad cómoda». Ese mismo año, Konrad Adenauer se expresaba de forma algo más prudente; lo último que deseaba eran «experimentos». De hecho, podemos afirmar que Adenauer debía su mayoría absoluta en las elecciones de septiembre de ese año a su ministro de economía Ludwig Erhard, quien había prometido, y en gran medida conseguido, «Bienestar para todos».

Si en 1957 la «verdad cómoda» era la verdad, medio siglo después podemos afirmar todavía con más razón que nunca nos ha ido tan bien como ahora. Ni siquiera quien acoge con el debido escepticismo las cifras macroeconómicas puede pasar por alto la magnitud de las transformaciones que han tenido lugar desde la década de 1950. Entre los años 1950 y 2000, en muchos países desarrollados el producto nacional bruto *per cápita* se ha cuadruplicado, alcanzando el sorprendente nivel de los 20.000 dólares anuales. Incluso en Gran Bretaña, donde este proceso ha sido más lento, entre Harold Macmillan y Tony Blair la renta *per cápita* se ha duplicado.

Pero el producto nacional bruto *per cápita* no es el único parámetro de crecimiento. Los economistas han propuesto un Índice de Desarrollo Humano (*Human Development Index*, HDI) que mide ingresos, nivel cultural y esperanza de vida.[1] Desde la década de 1950, este índice también ha aumentado casi un 50% o más en los países integrados en la Organización de Cooperación y Desarrollo Económico (OCDE). La notable mejora de la posición social de la mujer, el aumento de las oportunidades de participación social en general, la reducción de la jornada, del año y de la vida laborales, la construcción del Estado de bienestar, la mejora de una infraestructura accesible a todos y otros avances de capital importancia han ampliado considerablemente las oportunidades de muchos. Nunca antes ha habido tantas oportunidades para tantos.

El aumento de las oportunidades no ha sido un proceso lineal. Ha habido grandes avances y fases de estancamiento. En las décadas que precedieron a 1913, el

1. Sobre la elaboración del HDI y sobre el conjunto de cifras aportadas aquí, véase Max-Stephan Schulze (comp.), *Western Europe. Economic and Social Change since 1945*, Londres y Nueva York, Longman, 1999, especialmente tabla 22.4, pág. 384.

impulso de modernización se tradujo en una primera duplicación de la renta *per cápita*. Después de la Segunda Guerra Mundial se produjo el verdadero milagro económico, que duró hasta la crisis del petróleo de 1973. Luego se abrió paso el proceso que denominamos globalización. Este proceso se impuso con fuerza en la revolución de 1989, cuando la disolución de los frentes de la Guerra Fría extendió por todo el mundo, entre otras cosas, las posibilidades técnicas de la sociedad de la información. La disponibilidad simultánea de información en todas partes fue un estímulo para los mercados financieros, pero también para el sector terciario y para muchos ámbitos de las modernas economías nacionales. Al final, en el cambio de siglo, el impulso globalizador se desbordó; pero las correcciones introducidas durante los primeros años del nuevo siglo no han modificado sustancialmente la situación.

Seamos, pues, sinceros: a la mayoría de nosotros jamás nos ha ido tan bien como ahora. Y sin embargo, nadie escuchará esto sin esperar el gran pero que sigue siempre a esta afirmación. En el caso de Macmillan, el pero era la inflación. El primer ministro hizo bien en advertir sobre ella. La globalización fue, entre otras cosas, la solución a esa mixtura de inflación y estancamiento que el economista norteamericano Mancur Olson identificó a principios de la década de 1980 como la causa de la amenazante «decadencia de las naciones».[2] Evidentemente, Olson infravaloró la acción de la

2. Mancur Olson, *Aufstieg und Niedergang von Nationen. Ökonomisches Wachstum, Stagflation und soziale Starrheit*, Tubinga, J. C. B. Mohr (Paul Siebeck), 1985 (trad. cast.: *Auge y decadencia de las naciones*, Barcelona, Ariel, 1986).

política de apertura y de reactivación introducida por políticos poco ortodoxos como Margaret Thatcher y Ronald Reagan, que ya estaban en el poder, por no hablar de los inminentes procesos del *glasnost* y de la *perestroika* en un mundo comunista que ya había empezado a tambalearse.

Sin embargo, mi pero va mucho más allá. Para ser exacto, son tres los «peros» que deseo adjuntar a la tesis de que nunca nos ha ido tan bien como ahora.

Pero ¿y la felicidad?

El primer «pero» servirá para clarificar los conceptos. Nunca nos ha ido tan bien como ahora, pero ¿somos por ello más felices? La mayor felicidad para el mayor número es desde hace mucho tiempo el fin de la acción política; en la Declaración de Independencia americana, la aspiración a la felicidad (*happiness*) figura al lado de la libertad y del derecho a la vida. Pero hay muchas razones para dudar de que los hombres del año 2001 sean cuatro veces más felices que los hombres del año 1957. La experiencia humana de la felicidad y de la desgracia confirma más bien el dicho popular de que la vida tiene muchos altibajos, tantos como los índices de bienestar de los economistas.

Pero más allá de la imponderabilidad de toda experiencia privada, la felicidad plantea cuestiones inquietantes. A veces da la impresión de que el bienestar subjetivo de los hombres es mayor cuando éstos se ven obligados a luchar por la consecución de sus derechos y de sus deseos, y especialmente cuando pequeños o grandes pasos muestran que esta lucha puede coronarse con el éxito. Probablemente, la misma democracia era más bella cuando todavía era posible utilizar sus rudimentarios instrumentos para completarla y perfeccionarla, ampliando el derecho de sufragio a todos los ciudadanos y ciudadanas y reforzando el control sobre los poderosos. Una vez que tenemos lo que deseamos, solemos caer en la apatía e incluso podemos sentir cierta decepción.

Si el bienestar y la prosperidad son insuficientes para medir el grado de desarrollo, y si la felicidad es demasiado personal y demasiado imponderable, ¿qué otro concepto podría sernos de ayuda en esta tarea? Mi respuesta en estas conferencias será la siguiente: la libertad. La libertad es la idea rectora de todo progreso humano. Pero ¿es también lo suficientemente aprehensible o incluso cuantificable como para permitirnos medir el grado de desarrollo?

Amartya Sen, premio Nobel de Economía, ha intentado responder a esta cuestión. Sen plantea dos preguntas: ¿cuál es el fin del progreso (económico y social)? y ¿qué condiciones han de cumplirse para que el progreso sea una realidad? Su respuesta a estas dos preguntas es la siguiente: la libertad, o más bien, y la diferencia es importante, *las* libertades. «En este sentido, el progreso es el proceso de ampliación de las libertades humanas.»[3] Así pues, por una parte la libertad cumple una función «constitutiva», es decir, el progreso depende del aumento de la libertad; por otra parte, cumple una función «instrumental», esto es, el progreso sólo es

3. Amartya Sen, *Ökonomie für den Menschen. Wege zur Gerechtigkeit und Solidarität in der Marktwirtschaft*, Múnich, Deutscher Taschenbuch Verlag, 2002.

posible a través de la libertad, o más exactamente, a través de determinadas «libertades». Esto nos hace pensar en la conocida tesis de Sen, según la cual las hambrunas no ocurren prácticamente nunca en los países libres, particularmente en aquellos que gozan de libertad de opinión y de prensa, pues en verdad estas catástrofes no dependen de la existencia o no de alimentos, sino del acceso a ellos, y por lo tanto de los derechos de la población, que sólo son efectivos en condiciones de libertad.[4]

La teoría de Sen es de importancia capital para las cuestiones que tratamos de esclarecer. Pero existen algunas dudas sobre la utilización que hace este autor del término «libertad», y especialmente del plural «libertades». Para empezar, la misma distinción entre libertad «constitutiva» y libertad «instrumental» puede conducir a afirmaciones carentes de sentido; por ejemplo: la libertad es la causa de la ampliación de la libertad. Además, su plural, pese a haberse hecho socialmente aceptable a través de las «cuatro libertades» del presidente Roosevelt, introduce confusión. En tanto que idea rectora, la libertad no es ni bienestar ni participación social, ni trabajo duro ni buena cultura, ni tampoco justicia. El significado primero y más propio de libertad es ausencia de coerción y capacidad para obrar por cuenta propia.

En mi opinión, existe un concepto más adecuado para describir y medir el progreso humano, el concepto de oportunidades. Más que un cambio en la teoría de Sen, esto introduce un cambio en su vocabulario. Las oportunidades son ante todo opciones, es decir, posibi-

4. Amartya Sen, *Poverty and Famines. An Essay on Entitlement and Deprivation*, Oxford, Clarendon Press, 1997.

lidades de elección. (En la siguiente conferencia añadiré otro elemento aún más complejo que éste, a saber, los vínculos profundos o ligaduras.) Las opciones son ante todo derechos, *entitlements*, como también las llama Sen. El derecho de sufragio, por ejemplo, es un derecho de este tipo. Pero éste es un derecho vacío si no existen varios candidatos o partidos entre los que poder elegir. Así, la otra cara de las opciones es la existencia de unas ofertas, de *provisions*. Las opciones son oportunidades, es decir, pueden ser aprovechadas o no.[5] Por lo tanto, que nunca nos ha ido tan bien como ahora significa que los hombres tienen posibilidades de elección efectivas.

Pero ¿para siempre?

Esto nos lleva al segundo pero que limita mi tesis inicial. Este pero puede enunciarse de este modo: la historia no sigue un plan preestablecido. «La historia no tiene ningún sentido», dice Popper, añadiendo inmediatamente que nosotros podemos, y debemos, conferirle uno, por ejemplo dando el mayor número de oportunidades al mayor número de individuos.[6] Como

5. Para una explicación más exhaustiva del concepto, véase mi libro *Der moderne soziale Konflikt. Essay zur Politik der Freiheit*, Stuttgart, Deutsche Verlags-Anstalt, 1992, págs. 39-45 (trad. cast.: *El conflicto social moderno: encargo sobre la política de la libertad*, Barcelona, Grijalbo Mondadori, 1994).

6. Karl Popper, *Die offene Gesellschaft und ihre Feinde*, volumen II, *Falsche Propheten*, Múnich, Francke Verlag, 1980 (6ª edicion), pág. 333 (trad. cast.: *La sociedad abierta y sus enemigos*, Barcelona, Paidós, 1994).

todos sabemos, la tesis de Francis Fukuyama de que el fin de la Guerra Fría supone el «fin de la historia» no ha sido demasiado fructífera. «La idea liberal —dice Fukuyama— se ha mostrado victoriosa.»[7] Como hemos alcanzado un punto «en el que nos resulta imposible imaginar un mundo esencialmente distinto del nuestro, en el que el futuro no puede traernos una evidente mejora sustancial del orden existente, debemos considerar la posibilidad de que la historia haya tocado a su fin». Así pues, no sólo nunca nos ha ido tan bien como ahora, sino que en este proceso de «acumulación sin fin» sólo puede irnos cada vez mejor.

Evidentemente, Francis Fukuyama no pudo prever que diez años después muchos se inclinarían más por el «choque de civilizaciones» de Samuel Huntington que por su «fin de la historia».[8] Aunque nos cueste imaginarlo, muchos millones de personas consideran que vale la pena luchar por un futuro totalmente distinto del estadounidense. Incluso podríamos invertir la tesis de Fukuyama. En cierto sentido, la revolución de 1989, esto es, el colapso del comunismo, no fue el fin, sino el principio de la historia. Sólo la desaparición de la absoluta confrontación entre los dos sistemas permitió el desarrollo de la globalización. El año 1989 abrió la puerta del futuro que había permanecido cerrada, o al menos atascada, durante mucho tiempo. Una nueva clase global se

7. Francis Fukuyama, *Das Ende der Geschichte. Wo stehen wir?*, Múnich, Kindler, 1992, págs. 82 y 89 (trad. cast.: *El fin de la historia y el último hombre*, Barcelona, Planeta, 1992).

8. Samuel Huntington, *Der Kampf der Kulturen. Die Neugestaltung der Weltpolitik im 21. Jahrhundert*, Múnich y Viena, Europaverlag, 1996 (trad. cast.: *El choque de civilizaciones y la reconfiguración del orden mundial*, Barcelona, Paidós, 1997).

coló por esa puerta y desde entonces se ha convertido en el grupo que marca el paso.

Las tesis de Fukuyama no son más que un recuelo de las ideas de Hegel. La historia responde a un plan; su curso obedece a una necesidad inmanente; el espíritu universal marca este curso *per aspera ad astra*, astros que, como es sabido, han ido tomando diferentes nombres con el paso del tiempo: la idea ética del Estado (prusiano), la consumación de la sociedad comunista, la idea liberal. Pero ¿y si la historia no obedece a ningún plan? La creencia en el eterno retorno de lo mismo es antigua y sigue estando tan extendida como antes. Existen otras concepciones de la historia que prescinden de la idea de progreso, entre ellas el pesimismo elegido de los grandes conservadores, al que Michael Oakeshott dio expresión en su magnífica conferencia inaugural de 1951 en la London School of Economics, por otra parte tan progresista. Para Oakeshott, la política es un navegar por un mar infinito y abismal; «no existe ni un puerto en el que refugiarse ni un destino determinado».[9] Sólo podemos hacer una cosa: mantener el barco a flote en alta mar. A estas formas de duda sobre el movimiento del Espíritu en la historia, hoy hemos de añadir una versión posmoderna. De acuerdo con ella, nada depende de nuestra acción. *Anything goes*, todo es posible, la historia no es más que una invención, una mentira.

Cuando menos, estas teorías demuestran que no es tan sencillo hablar de un origen y de una finalidad de la historia. Sin embargo, ninguna de ellas ha logrado que me aparte de Kant ni de Popper. Como ilustrado in-

9. Michael Oakeshott, *Political Education*, Cambridge, Bowes and Bowes, 1951, págs. 7 y 22.

corregible que soy, en el siglo XVIII me encuentro como en casa. La Constitución estadounidense, el aumento de la riqueza de las naciones a través de la mano invisible del mercado y la salida del hombre del estado de minoría de edad en el que cayó por su propia culpa son para mí renovados intentos que no se dejan desanimar por cualesquiera errores. Pero ¿intentos de qué? Intentos de contribuir a que cada día se creen más oportunidades para más hombres.

No obstante, hay un aspecto del espíritu ilustrado de finales del siglo XVIII en el que yo, al igual que tantos otros, ya no creo: las cosas también pueden ser de otro modo. Ilustración, prosperidad y democracia no son en absoluto procesos que hayan de imponerse de forma necesaria contra toda resistencia y pese a eventuales retrocesos. La misma modernización, el camino desde posiciones heredadas a posiciones adquiridas (*from status to contract*), tampoco es una fuerza que no conoce resistencia alguna. Deberíamos ser muy cautos al afirmar que los otros *todavía* no han llegado al punto en el que nosotros nos encontramos. Es posible que todos nuestros logros sean destruidos, por enemigos exteriores o por el potencial suicida de nuestra propia acción. La destrucción del medio ambiente, la amenaza nuclear o el odio del perdedor son algunos ejemplos. Que la historia esté abierta no significa que lo esté en una sola dirección. Para que conduzca a la creación de más oportunidades para un mayor número de hombres, hemos de hacer algo. Libertad significa siempre actividad.

Pero ¿para todos?

De este modo me sitúo en el tercer «pero», la objeción más importante que ha de acompañar a la tesis de que nunca nos ha ido tan bien como ahora. ¿A quiénes se refiere este «nosotros» del que hablamos? No, ciertamente, a todos los hombres; tampoco a todos aquellos que viven en los países desarrollados integrados en la OCDE, y por supuesto tampoco a todos los que viven en el «Tercer Mundo». La tarea más importante de una política de la libertad a principios del siglo XXI es ampliar las oportunidades de las que gozan los más afortunados al mayor número de habitantes de los países de la OCDE y, a ser posible, al mayor número de personas en todo el mundo. Pero tampoco hay tarea más difícil y más arriesgada que ésta.

Es por todos conocido lo difícil que resulta pasar de las escasas oportunidades que ofrecen las sociedades pobres al bienestar y a las posibilidades de las sociedades liberales, pero hasta hoy mismo este conocimiento no siempre ha tenido efectos en la acción política. Convertir un país pobre en un país rico no se consigue simplemente transfiriéndole recursos financieros. Ninguna suma de dinero, por más ingente que sea, puede convertir a Afganistán en los Estados Unidos de América. Las «libertades» de Amartya Sen podrán ser dudosas desde un punto de vista teórico, pero en la práctica son requisitos imprescindibles del desarrollo. Estos requisitos van desde las libertades políticas y las oportunidades sociales hasta la existencia de una red social protectora. El historiador de la economía David Landes ha explicitado con una claridad ejemplar las condiciones institucionales que han de cumplirse para que una sociedad crezca y se desarrolle.[10] Entre estas condiciones están los derechos de propiedad y las libertades individuales, la confianza en las formas contractuales, así como la existencia de gobiernos estables y no corruptos que sean capaces de escuchar las quejas y los deseos de los ciudadanos. Las organizaciones internacionales ya se han dado cuenta de esto, pero suelen mostrarse demasiado impacientes como para obrar en consecuencia.

Sin embargo, hay un aspecto mucho más importante y del que muy raras veces se habla, a saber, la conciencia de los peligros que comporta el desarrollo. Tras el dramático final del comunismo en 1989, publiqué el librito *Reflexiones sobre la revolución en Europa*, cuyo título se inspiraba en el de la famosa obra de Edmund Burke. Ninguna de las tesis de mi libro encontró tanto eco como la de que no existe un camino que conduzca directamente desde el fracaso de la economía planificada al éxito de la economía de mercado.[11] El camino desde la una a la otra es más bien un valle de lágrimas. Las condiciones de vida de la mayoría empeorarán antes de mejorarse. Por lo demás, la Alemania posterior a 1948 también supo lo que es este valle de lágrimas; sin la obstinación y la tenacidad del canciller Adenauer, y sin la guerra de Corea, probablemente habría sido aceptado

10. David S. Landes, *Wohlstand und Armut der Nationen. Warum die einen reich und die anderen arm sind*, Berlín, Siedler, 1999, págs. 233 y sigs. (trad. cast.: *La riqueza y la pobreza de las naciones*, Barcelona, Crítica, 2000).

11. Ralf Dahrendorf, *Betrachtungen über die Revolution in Europa*, Stuttgart, Deutsche Verlags-Anstalt, 1990, págs. 74 y sigs. («Vornehmlich von Politik, Ökonomie und den Wegen in die Freiheit») (trad. cast.: *Reflexiones sobre la revolución en Europa*, Barcelona, Salamandra, 1991).

uno de los votos de censura interpuestos en el *Bundestag* contra el ministro de economía Erhard; y las elecciones al *Bundestag* de 1953 también habrían podido tener otro resultado. En circunstancias como éstas, el peligro es inminente. Atravesar el valle de lágrimas cuesta tiempo, mucho más que una legislatura. Por eso, es posible que quienes regresen a la democracia (para volver a hablar del mundo poscomunista) empiecen a dudar de ella. La democracia ha de traer el bienestar, pero como no lo hace de forma inmediata, es posible que se vote a los antiguos comunistas o a alguna otra fuerza de dudosa procedencia. De este modo se abre un círculo infernal que acaba poniendo en peligro la economía de mercado y la democracia. ¡Dichoso el país que, como Polonia, soporta las turbulencias democráticas sin destruir las condiciones del desarrollo económico en el sentido de Sen y de Landes o, en el caso polaco, de Leszek Balcerowicz!

El camino que conduce desde el fracaso de la economía dirigida a la libertad es uno, el que conduce desde las estructuras económicas y sociales premodernas a la modernidad es otro, y este camino encierra peligros aún mayores. Basándose en sus experiencias en la India, John Kenneth Galbraith argumentó que, en cierto modo, el «ciclo de la pobreza» premoderno es soportable.[12] Los hombres pueden sobrevivir en él, y a veces incluso arrancarle cierta calidad de vida. Sin embargo, para avanzar, para lograr más oportunidades, ese ciclo ha de romperse. Se romperá cuando los jóvenes empie-

12. John Kenneth Galbraith, *Die Arroganz der Satten. Strategien für die Überwindung der weltweiten Massenarmut*, Berna y Múnich, Scherz, 1980.

cen a vender leche de cabra en el mercado más próximo y se gasten el dinero obtenido en la compra de un transistor. Esto perturbará su habitual forma de vida y al mismo tiempo despertará en ellos la esperanza de un futuro mejor.

El primer paso hacia la modernidad es siempre un paso hacia una nueva miseria. Piénsese en las descripciones sobre la incipiente clase trabajadora en Inglaterra, en los correccionales, en los cuchitriles en los que corría la ginebra, en las enfermedades y en la delincuencia. Estas descripciones también son válidas para los actuales países en vías de desarrollo. Quienes deciden abandonar el pueblo y su ciclo de pobreza, aterrizan en los alrededores de las grandes ciudades, donde se hacinan en chabolas con techos de lata, en *favelas* y *slums*. Allí suelen vivir durante mucho tiempo, trabajando sólo de forma ocasional y sin demasiadas esperanzas. No existen las estructuras capaces de integrarlos en el mercado laboral o en los demás ámbitos de construcción de la vida social. En su gran mayoría, las víctimas de esta modernización incipiente son jóvenes. Como no tienen nada que perder y tampoco esperan mucho de la vida, se dejan engañar con demasiada facilidad. Son el ejército de reserva de demagogos nacionalistas o fundamentalistas. Y el de todos aquellos cultos que prometen el martirio. Entre ellos prospera el terrorismo, que es casi exclusivamente una actividad de jóvenes seducidos por adultos.

Lo que nosotros llamamos tan a la ligera desarrollo es, pues, un proceso que para muchos empieza significando desarraigo y del que no se sabe con certeza si alcanzará su deseado final. Ciertamente, el terrorismo y el martirio no son situaciones duraderas, pero pueden convertirse en regímenes dictatoriales de cualquier color, en Irak o en Irán, en Corea del Norte o en Myanmar, así como en los no regímenes que son el imperio de los cárteles de la droga, de las mafias y de los grupos terroristas. En el Tercer Mundo, no son los perdedores de la globalización los que se sublevan contra los ganadores, sino las víctimas de los estadios iniciales de un desarrollo para las que «América», objeto de odio y de deseo al mismo tiempo, es una meta todavía demasiado lejana.

Esto no es un argumento contra el crecimiento y el desarrollo. Pero sí apunta a la necesidad de actuar con sutileza a la hora de iniciar y fomentar procesos de desarrollo desde fuera. La política de desarrollo no debería atender tanto a los espectaculares éxitos de algunos empresarios e incluso de ciertos sectores económicos, cuanto a las condiciones de un desarrollo duradero formuladas por Landes y sobre todo por Sen. La ayuda financiera no es tan necesaria para las inversiones —para eso está el mercado— como para proporcionar cierta seguridad a aquellos que corren el peligro de permanecer para siempre en el valle de lágrimas. Éstos no sólo necesitan un mínimo de seguridad, sino sobre todo expectativas, esto es, vislumbrar un futuro más esperanzador.

Esto es más fácil de decir que de hacer, sobre todo cuando ni siquiera somos capaces de crear tales condiciones en nuestro propio espacio vital. Los países más desarrollados no sólo tienen un problema de pobreza, sino un problema de juventud, pues los jóvenes están desorientados y son presa fácil de todo tipo de seducciones, cuando no eligen voluntariamente la delincuencia como su principal ocupación. Las siguientes conferencias volverán a tratar este tema desde distintos puntos de vista. Este estado de desorientación es la fuente de muchas de las amenazas del orden liberal. Para muchos, el trabajo ya no es una forma de construir su propia vida. Nuevas desigualdades acompañan a las nuevas oportunidades que trae consigo la globalización y provocan nuevas formas de conflicto social. La libertad, en la forma en que la conocemos, y especialmente la democracia, a menudo ya no impulsa a la creación de lo nuevo a través de la regulación del conflicto.

Libre mercado de dotaciones básicas

Pero antes de perder de vista definitivamente la tesis de que nunca nos ha ido tan bien como ahora, hemos de detenernos un momento en la época en la que vivimos. Nunca tantos hombres han tenido tantas oportunidades como en nuestra época. La política de la libertad, que es lo que a mí verdaderamente me interesa, tiene aquí su punto de partida. Cualquier avance en la ampliación de las oportunidades es bienvenido, aun cuando en principio no redunde en beneficio de todos. Sea también bienvenida esa irrupción de nuevas fuerzas socioeconómicas que se llama globalización. La política de la libertad que yo defiendo no es nunca una política de mantenimiento de las aparentes seguridades del *statu quo*. La política de la libertad da la bienvenida a las nuevas posibilidades y ayuda a prepararles el camino.

Sin embargo, este esperanzador punto de partida no es más que el primer paso de la política de la libertad. El segundo paso se llama actividad. La libertad no es nunca un cómodo cojín sobre el que podamos reposar o entregarnos a un placer pasivo. La libertad es un envite, una invitación a la acción. Y es que la actividad no siempre es algo completamente obvio. En este sentido, incluso los dos liberales más importantes, Karl Popper y Friedrich von Hayek, se mostraron demasiado modestos, por no decir pasivos. La sociedad abierta permite probar, equivocarse y corregirse. Pero ¿y si nadie intenta ya recorrer nuevos caminos? ¿Y si la apatía acaba reemplazando a la participación activa en la vida de la comunidad? En el pasado ya estuvimos, y probablemente todavía seguimos estando, muy próximos a una situación de este tipo. En el mejor de los casos, que no es nada bueno, esta apatía es un recaer en una especie de autoritarismo involuntario. Mientras los ciudadanos duermen, los poderosos hacen y deshacen. En el peor de los casos, nuestra inactividad repercute en nosotros, y lo hace también en forma de la nueva violencia, incluido el terrorismo. Por eso es bueno que nuevos acontecimientos vuelvan a sacar de su sueño a la libertad activa.

Obviamente, esta libertad activa no hace de la actividad un fin en sí mismo. El fin supremo es la ampliación de las oportunidades de los más afortunados a todos los demás. La libertad no puede convertirse en un privilegio de unos pocos, por lo que una de las máximas de la política de la libertad es hacer accesible al mayor número de personas posible, e idealmente a todas, los derechos y las oportunidades de los que nosotros mismos gozamos. Ya he señalado que esto no es una tarea fácil. Para llevarla a cabo no basta con tener buenas intenciones. Se necesita inteligencia, fantasía, paciencia y perseverancia, y sobre todo hacer cuanto esté en nuestras manos para mejorar el mundo en que vivimos, para mejorar la situación de los excluidos en las sociedades ricas y la de la gran mayoría de los habitantes de los países pobres.

Tan importantes como el fin de la libertad activa son los medios con los que ésta ha de alcanzarse. Estas conferencias se centrarán fundamentalmente en dos de estos medios. El primero de ellos son las reglas a través de las cuales la libertad adquiere una base institucional. Estas reglas comienzan con el Estado de derecho y las reglas de juego de la democracia, y finalmente llevan hasta esas reglas universales cuyo sentido estableció ya Kant en su *Idea de una historia universal en sentido cosmopolita*. El otro medio para alcanzar la libertad es menos conocido, por lo que precisa de una explicación mayor; se trata de una dotación básica de oportunidades, a la que en principio todos tienen derecho.

Desde que los expertos en relaciones públicas de la Revolución francesa unieron libertad, igualdad y fraternidad, han sido muchos los que han ratificado la compatibilidad de estos tres conceptos. He de confesar que, a mí, esta visión armoniosa no me convence. Las diferencias entre liberales, socialistas y comunitaristas no se pueden ocultar, ni siquiera bajo la cómoda imprecisión de una «tercera vía». Libertad e igualdad son dos formas distintas de abordar las relaciones sociales. Quien busca ante todo la igualdad, suele perder de vista la libertad.

Y a la inversa. De hecho, yo soy de la opinión de que la desigualdad es uno de los componentes de la libertad. Una sociedad libre deja mucho espacio para las diferencias existentes entre los hombres, y no sólo para las diferencias naturales, sino también para las diferencias de rango. La desigualdad sólo deja de ser compatible con la libertad cuando los favorecidos cuestionan el derecho de los perjudicados a participar en la vida social, económica y política, o cuando estos últimos quedan totalmente excluidos de ella. Contra esto sólo puede hacerse una cosa: garantizar unas dotaciones básicas para todos. Parte de estas dotaciones básicas son los derechos fundamentales de todos los ciudadanos, pero también un nivel de vida básico, tal vez unos ingresos mínimos garantizados, en cualquier caso unas prestaciones públicas de las que todos puedan beneficiarse.

Samuel Brittan y Adair Turner, a los que sigo en este punto, hablan de un «RML», es decir, de un *Redistributive Market Liberalism* (Libre mercado con elementos redistributivos). Pero el concepto de redistribución puede inducir a error. Lo que Brittan y Turner quieren decir es que ni los derechos hereditarios ni el mercado conducen directamente a una correcta distribución de la riqueza. Evidentemente, contra esto de nada sirven los sermones, ni mucho menos la destrucción del mercado. Lo que necesitamos es más bien «un conjunto de reglas —incluido, si es necesario, un conjunto de transferencias y de impuestos redistributivos—, a través del cual podamos poner la economía de mercado al servicio de fines más amplios».[13] Puestos a emplear una fórmula disparatada para definir esta concepción, yo preferiría «libre mercado de dotaciones básicas» a «libre mercado con elementos redistributivos».

13. Samuel Brittan, *Capitalism with a Human Face*, Londres, Fontana Press, 1995; Adair Turner, *Just Capital. The Liberal Economy*, Londres, Macmillan, 2001 (trad. cast.: *Capital justo: la economía liberal*, Barcelona, Tusquets, 2003); citado de Samuel Brittan, *Essays, Moral, Political and Economic*, Edimburgo, Edinburgh University Press, 1998, pág. 24.

Nunca nos ha ido tan bien como ahora, pero puede irnos mejor, a nosotros y sobre todo a aquellos que no gozan de nuestras mismas oportunidades. Por eso hemos de pasar a la libertad activa, pues las cosas pueden cambiar radicalmente; y si permanecemos inactivos, crece el peligro.

2

UN MUNDO DESBOCADO.
GLOBALIZACIÓN Y ANOMIA

TIEMPOS DE ESPERANZA, TIEMPOS DE MIEDO

En principio, el hecho de que nuevas fuerzas rompan estructuras anquilosadas es un motivo de esperanza. Al menos desde la perspectiva ilustrada y de su voluntad de dar más oportunidades a un mayor número de personas. Lo que comúnmente se denomina globalización es una fuerza de este tipo. Las estructuras rotas por la globalización no han sido solamente los rígidos frentes de la Guerra Fría, sino también esa mixtura de inflación y estancamiento que el economista norteamericano Mancur Olson identificó ya en 1982 como la causa de la inminente decadencia de las viejas naciones de Occidente. Globalización significa liberación de la inmovilidad característica de la década de 1970, que hoy apenas nadie recuerda.

Mientras tanto, hemos acumulado la suficiente experiencia sobre las luces y las sombras de la globalización como para hacer frente a los dos peligros que han acompañado desde un principio a este concepto: el peligro de la inexactitud y el de la euforia. En relación con la inexactitud del concepto, hemos de decir que antes de 1989 el mundo era ya un ámbito de actividad económica y de comunicación. Ya entonces era posible establecer conexión telefónica con Tokio, volar a Los

Ángeles pasando por el polo, comprar fresas durante todo el año y operar con acciones estadounidenses en Londres o en Francfort. Así era al menos en el mundo occidental, es decir, en el conjunto de países integrados en la Organización de Cooperación y Desarrollo Económico (OCDE). No obstante, 1989 es el principio de otro mundo. Lo que sucedió no fue que nuevos países se integraron en la OCDE, sino que prácticamente todo el mundo se convirtió en el mundo de la OCDE. Por otra parte, la apertura (*glasnost*) desencadenó una auténtica explosión de las tecnologías transmisoras de información, y de las actividades económicas basadas en dichas tecnologías. Cayeron las barreras, tanto las temporales como las espaciales.

Los primeros que supieron aprovechar las posibilidades de esta ilimitada transmisión de información fueron quienes comerciaban con dinero, es decir, con capital. Los mercados globales empezaron siendo fundamentalmente mercados financieros. Se inventaron nuevos y cada vez más complejos instrumentos, por una parte para poner a disposición capital allí donde se demandaba, y por otra para lograr que los agentes aumentasen sus beneficios arriesgando menos. Fue la época de George Soros. Si el financiero húngaro-británico-estadounidense es un caso tan interesante, es porque supo manejarse como nadie en el mundo de las transacciones financieras globales, mostró el debido escepticismo hacia ese mundo y dedicó buena parte de sus beneficios a ayudar a aquellos que, por las razones que fueran, seguían sin tener acceso a las nuevas oportunidades. Soros personifica el nuevo mundo de la globalización; es un especulador, un teórico crítico de su época y un filántropo al mismo tiempo.

De este modo, Soros era más inmune que otros al peligro de la euforia que encerraba la globalización de la información. Ciertamente, había otros sectores económicos dependientes de la información. Los viajes y todo lo relacionado con ellos abrían nuevas y numerosas fuentes de ingresos. En el ámbito de los medios de comunicación, la ausencia de barreras significaba posibilidades de concentración. Por su parte, los propios sistemas de información se convirtieron en objeto de esperanzas de crecimiento global. Fue sobre todo alrededor de este sector donde surgió una «nueva economía», y con ella un «nuevo mercado». Pero, para entonces, las necesidades de los consumidores ya estaban ampliamente satisfechas. Quienes apostaron fuertemente por la globalización de la información o bien quisieron correr demasiado y hacer mucho dinero en poco tiempo o bien depositaron excesivas esperanzas en las nuevas fuerzas. De ahí que tras el dudoso *boom* inicial viniese el *crash*, dos exageraciones cuyo verdadero significado sólo puede entenderse con la debida distancia.

Uno de los supuestos fundamentales de mi argumentación es que no existe un espíritu universal que guíe a la historia hacia la consecución de una meta determinada sin reparar en lo que se deja en el camino, ni un progreso técnico incontenible que responda a una necesidad inmanente. Es perfectamente posible que, a la postre, la tan traída y llevada globalización se revele como un mero episodio, como un desvarío pasajero del capitalismo con escasas consecuencias a largo plazo. Asimismo, es posible que las barreras eliminadas después de 1989 reaparezcan de otra forma en otros lugares. De esto hablaremos más adelante. También puede ser que la clase global, a la que George Soros marcó el camino para después leerle la cartilla, acabe desapareciendo antes de establecerse en el poder.

No obstante, en la última década esta clase ha cosechado bastantes triunfos. Unos han sido dudosos, otros merecidos y algunos han puesto en peligro la vida de todos nosotros. A mi juicio, entre los triunfos dudosos de la clase global está, por ejemplo, la extraña historia del «Y2k», fórmula con la que podemos abreviar el año 2000 en inglés informático. Los expertos predijeron que, si en la transición del año 1999 al año 2000 los ordenadores llegaban a fallar, sucederían cosas horribles. De no invertir miles de millones de dólares en contratar a nuevos expertos, los ascensores se detendrían, los aviones caerían del cielo, las comunicaciones, que tantos beneficios generan en todo el mundo, quedarían interrumpidas. Al final, los únicos que salieron ganando fueron estos mismos expertos y países como Grecia, por no hablar de Corea del Norte, que invirtieron poco o nada y que hicieron caso omiso de estas predicciones.

Pero de los triunfos dudosos no hay que responsabilizar tanto a los expertos en informática como a quienes supieron sacar partido de esta coyuntura. De repente, la globalización tenía la culpa de todo: del cierre de las oficinas de correos en los pueblos pequeños, de la reducción del servicio público en las grandes ciudades, de la derogación de los acuerdos que fijan los precios de los libros y de otras muchas cosas. La globalización se convirtió en una coartada perfecta, la mayoría de las veces para ingresar más con menos prestaciones. Pues, efectivamente, desde el principio globalización significó también el fomento de un capitalismo guiado única y exclusivamente por la búsqueda del beneficio y liberado de las trabas que podían constituir las corporaciones, la responsabilidad a largo plazo y las obligaciones para con los ciudadanos.

Cuando se descubrió que la eliminación de las barreras también podía ponerse al servicio de fines perversos y hasta destructivos, ya era demasiado tarde. El florecimiento del tráfico mundial de estupefacientes tiene algo que ver con la globalización. La acción de las mafias no se limita a Calabria o a Sicilia, sino que, como si de una enfermedad se tratase, puede propagarse desde Rusia a toda Europa. El tráfico de personas a nivel global ha alcanzado unas dimensiones que superan con mucho todas las situaciones de esclavitud conocidas en la historia. A esto se sumó finalmente la globalización del terrorismo. Sin que nadie lo supiera, saudíes, argelinos y libaneses fueron entrenados en campos afganos, luego ingresaron en una Escuela Técnica Superior de Hamburgo o fueron enviados a California para ser formados como pilotos y acabar estrellando aviones procedentes de Boston contra las Torres Gemelas del World Trade Center. Esto también es globalización y marca el punto en el que las esperanzas de la década de 1990 se transforman en miedo. Las grandes posibilidades que ofrecen las nuevas fuerzas se convierten en la gran amenaza.

UN MUNDO DESBOCADO

Si hay quienes se alegran de que las nuevas fuerzas rompan estructuras anquilosadas, muchos ven en esto una amenaza. Hay otros conceptos actuales que comparten esta misma ambivalencia. Para Ulrich Beck, la sociedad del riesgo es ante todo una oportunidad, pero para la mayoría es tan sólo una amenaza. Por otra parte, la flexibilidad es una de las exigencias predilectas de los políticos, sobre todo en relación con el mercado laboral, pero para los afectados suele ser sinónimo de inseguridad. Independientemente de la opinión personal que cada uno pueda tener, lo cierto es que las épocas de cambio como la que nosotros estamos viviendo, son siempre épocas de disolución. Cuando lo nuevo reemplaza a lo viejo, sacrificamos lo que nos es familiar en beneficio de lo desconocido.

Este rasgo ha caracterizado desde el comienzo el proceso de modernización que hoy se invoca tan gustosamente. *From status to contract*, de los derechos heredados a los contratos ajustados a derecho, esta expresión del jurista británico Henry Maine me ha parecido siempre la formulación más clara del significado de la modernidad. Max Weber la describió como la disolución del orden estamental, y como la transición desde la autoridad tradicional a la autoridad lógico-racional. Esta disolución libera a los hombres, pero al mismo tiempo les quita la confianza en los vínculos heredados del pasado.

Según algunos autores y muchas personas, en la época de la globalización asistimos a una aceleración extrema de este proceso. *Runaway World* fue la fórmula elegida por Anthony Giddens para titular sus conferencias para la BBC sobre la cuestión de «cómo la globalización transforma nuestra vida». La traducción alemana se ha publicado con el título *Die entfesselte Welt* [El mundo desatado]. Podríamos optar por otras muchas expresiones, pero ninguna de ellas sería totalmente exacta: un mundo que anda revuelto, que está fuera de quicio, o un mundo indómito, que ya no podemos detener y que gira descontroladamente. Yo me he decidido por «mundo desbocado» («Welt ohne Halt»), pues creo que esta expresión recoge fielmente los dos rasgos que definen nuestro mundo: es un mundo incontenible, que nadie puede parar, y en él no hay nada a lo que podamos agarrarnos.

En este punto no podemos menos de recordar el dramático análisis de Marx y Engels en *El manifiesto comunista*, un análisis que últimamente ha sido traído a colación. La burguesía, escriben Marx y Engels, ha «destruido todas las relaciones feudales, patriarcales, idílicas. Ha roto todos y cada uno de los lazos feudales que ataban de forma natural a los hombres a sus señores, y el único vínculo entre los hombres que ha dejado en pie es la frialdad del "pago en efectivo"», el *cash nexus*. Esta época se caracteriza por «la permanente desestabilización de todas las relaciones sociales», por «la inseguridad y el movimiento eternos». «Todas las viejas y enmohecidas relaciones, con su séquito de venerables ideas y representaciones, han sido disueltas, y las de reciente formación se vuelven obsoletas antes de llegar a anquilosarse. El orden estamental desaparece, lo sagrado es profanado...»

En cierto modo, que esto pudiese decirse hace más de ciento sesenta años resulta consolador. Pese al horrible siglo de guerras y genocidios que hemos dejado atrás, el mundo no se ha hundido. No obstante, hemos de subrayar que en las épocas de cambio, liberación y amenaza están siempre muy próximas. El mundo desbocado es también un mundo en el que los hombres pueden prosperar. Lo contrario del *runaway world* es el *stagnant world*. ¿Y quién quiere vivir en un mundo encadenado, paralizado y constreñido?

Pero hay un punto en el que la libertad degenera en anomia. Aquí elijo la expresión acuñada en 1897 por el sociólogo francés Émile Durkheim en su análisis de las causas del suicidio. Una de las razones del suicidio es, según Durkheim, la completa ausencia de reglas (*nomoi*), el mundo sin normas, sin asideros. Quien sepa lo que es la anomia, no tomará esta palabra a la ligera. A mí me traslada al breve período transcurrido entre la derrota de los nazis y la entrada de los soviéticos en Berlín en 1945, cuando penetrábamos en los comercios de las calles cercanas a las bocas del metro y nos llevábamos todo lo que encontrábamos. Evidentemente, esto nada tiene que ver con la situación vivida en Alemania y en el resto de Europa durante el año 2001. Pero la disolución de las estructuras familiares ha alcanzado tales proporciones que muchos se muestran inquietos. Coincidiendo con la globalización, asistimos a cierta destrucción de la ley y el orden, tanto en nuestros respectivos países como en todo el mundo. Esto podría convertirse en el fenómeno característico de nuestro tiempo, y hoy ya es uno de los retos más difíciles de la política de la libertad. Pues en este mundo desbocado los hombres, sobre todo si van en pos de la libertad, buscan nuevos vínculos capaces de plantear y de dar respuesta a grandes preguntas.

GLOCALIZACIÓN

Permítanme que comience con una aclaración relativamente inocua. Algunos observadores han señalado que, en realidad, el proceso que denominamos globalización es un proceso doble. Mientras que ciertas actividades económicas precisan espacios cada vez más amplios para su desarrollo y de este modo pierden todo carácter local, los hombres buscan espacios cada vez más pequeños en los que poder sentirse como en casa y en los que desarrollar un sentimiento de pertenencia. «Pensar globalmente, actuar localmente», este lema ya ha encontrado su lugar en la publicidad. Para designar este doble proceso que tiene lugar en nuestro entorno y tal vez hasta en nosotros mismos, disponemos de un término: glocalización, esto es, globalización y localización al mismo tiempo.

Incluso los miembros de la clase global que se interesan por las conexiones aéreas existentes entre Seúl y Chicago o que se preocupan por el último virus informático, se mueren por su casita junto al Dordoña o en Kent y sueñan con el día en que puedan cambiar definitivamente la aldea global por su aldea real. En sí mismo, esto no tiene nada de malo, pero en el camino que conduce de la ingravidez de lo global a la atmósfera excesivamente densa de lo local se pierden algunas cosas. Los pueblos civilizados sólo pueden mostrar todo su vigor si son relativamente grandes. Esto no significa que tengan que ser tan grandes como los Estados Unidos de América; basta con que sean como Suiza. Ciertamente, el pueblo, y sobre todo la ciudad, cuna de la modernidad, son necesarios para unir patria y libertad, pero por sí mismos no son suficientes.

La predilección por la región, en tanto que parte limitada de una comunidad mayor en la que poder desarrollar un sentimiento de pertenencia, es todavía más problemática que la predilección por el pueblo o por la ciudad. Esto tampoco es siempre válido. Mi lugar de residencia en Alemania es Bonndorf, un pueblo situado al sur de la Selva Negra del que me he encariñado y en el que ya hace mucho tiempo que me he acostumbrado a escuchar cantar con fervor el himno de Baden después de cada uno de los conciertos que ofrece la orquesta de instrumentos de viento. Esto es una forma de hacer ver a las gentes de Stuttgart, la capital württemberguesa de Baden-Württemberg, que no siempre mandan ellas, o más bien que su poder no siempre es del agrado de todos. Pero esto no es más que una versión *light* de un fenómeno que suele ser muy virulento y que, de acuerdo con el nombre del líder de los regionalistas del norte de Italia, podríamos denominar el fenómeno Bossi.

La «Padania» que Bossi pretende crear no existe. Es tan sólo una invención del demagogo destinada a movilizar el resentimiento contra Roma. No obstante, en el mundo globalizado este tipo de invenciones suele tener éxito. A su inventor le procuran poder, y a sus seguidores la ilusión de pertenencia a una comunidad. En algunas ocasiones, como en el caso de la creación del cantón suizo del Jura, una comunidad puede ceder a este tipo de deseos sin producir demasiados daños. Pero la mayoría de las veces esto empieza desencadenando conflictos —en ocasiones acompañados de terrorismo—, provoca la segregación de la comunidad que antes funcionaba perfectamente como un todo y desemboca en la gran decepción de los segregados, que por plegarse a los deseos del líder y de sus funcionarios han pagado con su libertad y a menudo con su bienestar.

Limpieza étnica

La tergiversación de la idea de autodeterminación es otro de los efectos secundarios de la globalización. El verdadero significado de autodeterminación es que los hombres sean capaces de participar en la construcción de su propio destino, esto es, que vivan en sociedades democráticas. Pero muy a menudo autodeterminación significa la voluntad de que los hombres vivan dentro de fronteras que no han sido trazadas tanto por la historia como por historiadores aficionados con ambiciones políticas. Una Eslovaquia independiente, un Quebec independiente o un País Vasco independiente no significan más libertad, sino más poder en manos de demagogos y potentados regionales. Como Ernest Gellner ha subrayado repetidamente de forma convincente, estas reivindicaciones no son la expresión de unos derechos históricos, sino el reflejo de pretensiones de poder sumamente modernas. Esta idea de autodeterminación logra movilizar a los resentidos con la modernidad. Y aunque promete devolverlos a la idílica situación de tiempos pasados, en realidad los somete a nuevas formas de dependencia.

En este punto hay que hacer una observación que inquieta, e incluso molesta, a los liberales; para mí es la gran decepción de la última década. Al igual que otros muchos, yo esperaba que las sociedades civilizadas y democráticas permitiesen a los hombres de distintas procedencias, convicciones e ideas convivir de forma pacífica en tanto que ciudadanos. La condición de ciudadano, que todos ellos comparten, es perfectamente compatible con la diversidad de su origen étnico, de sus creencias religiosas y de otros aspectos profundamente enraizados de su posición social. Hoy, sin embargo, no tenemos más remedio que admitir que esta deseada diversidad en la unidad no ha tenido lugar. Incluso en las sociedades en las que todos gozan de amplios derechos civiles, asistimos a la separación de los grupos en tanto que unidades lo más homogéneas posible.

Hubo una época en la que el *separate but equal*, es decir, el separados pero con los mismos derechos, nos pareció un objetivo muy poco liberal. Nosotros queríamos el *together and equal*, esto es, el juntos y con los mismos derechos, a ser posible con una fuerte mezcla de todos los grupos en las mismas escuelas, en todos los barrios, mezcla que podía alcanzarse compartiendo las amistades, e incluso a través de los matrimonios mixtos y de las familias multirraciales. En muchas partes, hoy sólo cabe esperar que al menos se cumpla ese mínimo que es el *separate but equal*, pues la separación de los grupos parece ya inevitable. Se diría que este mundo sin patrias ha contribuido a reforzar esta tendencia.

Ciertamente, ejemplos no faltan. Si alguna vez llegara a contarse la historia de las intervenciones occidentales en los Balcanes, esta narración revelaría un hecho inquietante. El loable intento de garantizar la convivencia pacífica de los grupos étnicos con la ayuda de unas fuerzas policiales internacionales acabó casi siempre en la vigilancia, por parte de las fuerzas de intervención, de las fronteras levantadas entre los distintos grupos. Entre las buenas intenciones y la estabilización de una realidad aceptable está la limpieza étnica, que puede servirse de medios más o menos sangrientos, pero siempre brutales y dolorosos. Al parecer, los hombres quieren estar con los suyos, pues sólo así se sienten seguros frente a la inmensidad de un mundo lleno de amenazas.

Esto también es válido en el caso de los numerosos conflictos étnicos que se han desencadenado en Europa y en otras partes del mundo. Irlandeses, vascos y corsos quieren vivir solos, aunque para ello hayan de sacrificar parte de su libertad y de su bienestar. La protección de las minorías ya no basta; hay que tener un Estado propio, Escocia ha de ser independiente, o bien anexionarse a una madre patria (el primer ministro húngaro se considera el presidente de 14 millones de húngaros, de los que sólo 9 millones viven dentro de las actuales fronteras del país).

Pero este anhelo de una patria étnicamente homogénea no sólo está presente en los grandes conflictos, en aquellos que suelen estar acompañados de terrorismo, sino también en los pequeños conflictos. De hecho, las llamadas sociedades multiculturales lo son única y exclusivamente desde un punto de vista estadístico; en la realidad, las distintas culturas existentes en su seno se separan las unas de las otras con asombrosa habilidad. Así sucede, por ejemplo, en Berlín. No es nada extraño que las viejas familias berlinesas que quedan en la ciudad cambien inmediatamente de domicilio cuando se enteran de que en la clase de sus hijos sólo hay berlineses de padres turcos. Londres es posiblemente la ciudad multicultural que mejor funciona, pero en ella todos saben exactamente dónde viven los antillanos, los bengalíes y los chinos. Para la mayoría, pertenencia y patria significan ante todo homogeneidad.

¿Y qué tiene esto de malo?, se nos puede replicar. ¿No es posible que el error esté en el propio ideal multicultural, en cuyo nombre el Estado ordenó que los niños fuesen desplazados en autobús hasta escuelas alejadas de sus domicilios, con el único fin de mezclar a grupos que por lo demás vivían completamente separados los unos de los otros? Al principio, países absolutamente democráticos y liberales, como por ejemplo Suecia, tenían una población muy homogénea. Luego llegaron los primeros emigrantes; y cuando Palme, el primer ministro sueco, fue asesinado, la primera reacción de la mayoría fue: «Han debido de ser los kurdos» (que apenas sumaban doscientos en Estocolmo). Pero, aunque a muchos no les guste, la verdad es ésta: la humanidad ya no está repartida por el globo terráqueo en grupos claramente identificables, y menos todavía en la época de la globalización.

En las actuales circunstancias, el deseo de homogeneidad, de comunidades étnicamente «limpias», tiene dos consecuencias que amenazan por igual a la libertad. En su interior, estas comunidades tienden a la intolerancia. Japón es homogéneo, por eso no debe haber ningún coreano en el país; sin embargo, hay coreanos, por eso son reprimidos. Hacia el exterior, las comunidades supuestamente homogéneas muestran un comportamiento que es una mezcla de proteccionismo y de agresión. Actúan como si se viesen continuamente obligadas a defender su territorio, y sin duda entienden que su ampliación sería la mejor defensa. En el mundo de naciones homogéneas (en el sentido étnico clásico del término), la libertad y la paz están amenazadas por igual.

Las ligaduras

Esto nos lleva a preguntarnos por el verdadero fin de una política de la libertad. Mi respuesta vuelve a ser la misma: el mayor número de oportunidades para el mayor número de personas. Las oportunidades son, ante todo, posibilidades de elegir, opciones. Éstas requieren dos cosas: unos derechos de participación y una oferta de actividades y de bienes entre los que poder elegir. Los hombres han de tener derecho a elegir y han de ser capaces de hacerlo. A primera vista, esto parece ser suficiente, pues plantea toda una serie de tareas relacionadas con la ampliación de los derechos civiles y con el incremento del bienestar, pero también con el aumento del pluralismo de la sociedad. Sin embargo, por sí solas las opciones no bastan.

Las opciones han de tener un sentido. Y sólo lo tienen si están acompañadas de unos valores capaces de operar como criterios de elección. Aquí reside la verdadera y amenazante debilidad de la posición posmoderna del *anything goes*, la afirmación de la radical arbitrariedad de todas las opciones. Si decimos que todo cuanto podamos elegir (un partido político, una conducta moral, una teoría del conocimiento o unos bienes de consumo) es igual de válido, entonces no sólo estamos diciendo que en realidad nada tiene valor y que todo es indiferente, sino que además estamos abriendo la puerta a la anomia y a la desorientación generales. Esto no tiene nada que ver con el sueño de la libertad absoluta, con la Arcadia de Rousseau, sino más bien con la guerra de todos contra todos de Hobbes, una situación propicia para que los usurpadores se presenten como los garantes del orden y establezcan regímenes tiránicos. La anomia es el punto en el que la mayor libertad se convierte en la absoluta falta de libertad.

En relación con el tema de las oportunidades, esto significa que por sí solas las opciones no bastan; éstas han de estar acompañadas de ligaduras (tal como yo lo expreso). Las ligaduras son vínculos profundos cuya presencia da sentido a las opciones. Son, por decirlo de algún modo, el aglutinante, lo que da cohesión a la sociedad. También podemos describirlas como la cara subjetiva de las normas que garantizan la estabilidad de la estructura social.

Al igual que las opciones, las ligaduras no son deseables o censurables por sí mismas. Como ya he dicho, la misma modernidad es la «salida del estado de minoría de edad en el que los hombres cayeron por su propia culpa», es decir, la liberación de las ataduras y de las dependencias con las que los hombres limitaron sus propias posibilidades de elección. Aquí no podemos menos de esbozar rápidamente una de las vertientes del tema. La religión, como su propio nombre indica, es una forma de ligadura social. Ciertamente, esto no es todo cuanto puede decirse de la religión, pero sí uno de sus aspectos. Ahora bien, las religiones sólo proporcionan ligaduras a una sociedad libre si carecen de pretensiones absolutas, pues éstas limitan las opciones y acaban destruyéndolas. Aquí reside el problema del fundamentalismo religioso, sea católico, judío ortodoxo o islámico. En todos estos casos, lo esencial es la falta de independencia, o si se quiere, la dependencia secular de la ley respecto de la religión. La prohibición del divorcio en Irlanda, la prohibición del matrimonio civil en Israel y la implantación de la *sharia* (ley islámica) en parte de Nigeria son ejemplos de ligaduras contrarias a la libertad.

En las sociedades amenazadas por la anomia y la desorientación, no es extraño que los hombres sientan entusiasmo por las ligaduras absolutas o totales. Sin duda, este tipo de vínculos profundos atentan tanto contra la libertad como las tiranías políticas. En cambio, las ligaduras que yo defiendo son totalmente compatibles con los derechos civiles y con las posibilidades de elección que éstos abren. Al mismo tiempo, evitan que los hombres se sientan impotentes ante esta gama de posibilidades, pues les proporcionan unos instrumentos, unos criterios. Las ligaduras ponen fin a la indiferencia de las opciones, pero sin conducir a una nueva esclavitud. Sólo quien toma sus decisiones de acuerdo con unos criterios firmes, es decir, independientes de cualquier moda, puede hacer un buen uso de sus opciones.

En muchas sociedades modernas, la cuestión de las ligaduras se agudiza en relación con el tema de la ley y del orden. La anomia, la indiferencia y la arbitrariedad de toda acción humana, conduce a un mundo en el que el hombre es un lobo para el hombre (para volver a emplear una fórmula de Hobbes). Nada es más sintomático de la desintegración social que el constante sentimiento de amenaza. Puede que este sentimiento se exagere en algunas partes; en Europa son muchos los que todavía no han sufrido directamente las consecuencias del aumento de la delincuencia y de la criminalidad. Pero el miedo ante los peligros que encierra la anomia ha pasado a formar parte de la vida de todos, y a menudo está acompañado del desconocimiento de las posibilidades de ponerle remedio.

En estas circunstancias, es completamente natural que muchos se dejen seducir por las recetas más burdas: más policía en las calles, juicios más severos, penas más duras para los culpables. Tampoco hay que negar que, en cierta medida, en las instituciones públicas ha calado esa actitud posmoderna que predispone a no perseguir delitos menores. Giuliani, el alcalde de Nueva York, ha mostrado cuán eficaz resulta perseguir rápidamente la pequeña delincuencia. Pero incluso aquellos que votan a los partidos que prometen un futuro en el que reinen la ley y el orden saben perfectamente que las cosas no son tan sencillas. Las ligaduras que cohesionan internamente la sociedad no pueden ser reemplazadas por más policías y más presos. Mientras la mayoría siga mirando a otro lado, o incluso pasando de largo, cuando a su lado se produzca un acto delictivo, seguirá reinando la anomia, y detrás de ella acecha la dictadura.

Formas de superar la anomia

Así pues, hemos de preguntarnos qué podemos hacer para combatir eficazmente los elementos de anomia que acompañan a la modernización y a la globalización, pero sin poner en peligro la libertad. En cierto modo, éste es el principal problema de las sociedades modernas. Es el problema más discutido en los países europeos, sobre todo en los países del norte y del oeste de Europa. Estados Unidos, blanco de tantas críticas, sigue presentando muchos de los rasgos propios de las sociedades que Tocqueville analizó de forma tan penetrante. Asimismo, también muestra una especie de religión civil. Cuando la amenaza es realmente seria, el país se une como una piña, lo que en gran parte de Europa es impensable. Las imágenes de los neoyorquinos haciendo cola para ayudar a sacar los escombros del World Trade Center y abrazándose con los ojos llenos de lágrimas en la ceremonia de solidaridad con los supervivientes hablan de una realidad que difícilmente puede tener su equivalente en Europa.

No obstante, la afirmación de que el proceso de desintegración de las estructuras sociales todavía no ha tocado a su fin también es válida para Estados Unidos. La dialéctica de anomia y tiranía (o al menos falta de libertad) todavía ha de acompañarnos durante algún tiempo. De la noche a la mañana no nacen nuevas ligaduras; como se trata de vínculos muy profundos, para poder desarrollarse necesitan tiempo. Por otra parte, como han de echar raíces en los hombres y en sus comunidades, se sustraen a la simple acción política, aunque ésta puede alertar del peligro, poner freno a su progresiva disolución y contribuir al nacimiento de nuevos vínculos. En este caso, esta política es una política de la libertad, en tanto que creación de ligaduras que no destruyen las opciones, sino que las refuerzan.

Entonces, ¿qué hemos de hacer? Dicho en pocas palabras: hemos de crear instituciones. A los liberales podrá sorprenderles esta máxima, pero lo cierto es que la libertad sólo es real si cuenta con una base institucional, con una infraestructura. La «insociable sociabilidad» del hombre (expresión con la que Kant describió de forma menos belicosa el estado de naturaleza de Hobbes) reclama instituciones que encaucen los antagonismos existentes y de este modo los hagan fructíferos. Esto no significa que hayamos de estar creando instituciones permanentemente. Tampoco significa que necesitemos más y más leyes. Significa más bien que hemos de instituir leyes que sean válidas en el sentido más amplio del término, leyes que sean capaces de producir ese efecto cohesivo propio de las ligaduras.

He hablado de ley y de orden. Una de sus condiciones es la validez de las normas, y ésta sólo queda garantizada si se eliminan las *no-go areas*, los paraísos legales, como podríamos llamarlas por analogía con la expresión «paraísos fiscales». En sentido propio, las *no-go areas* son zonas en las que no se aplica la ley que teóricamente está en vigor. Nadie osa entrar en esas zonas, ni siquiera la policía. Por extensión, también podemos llamar paraísos legales a vastas áreas de actividad ilegal. La economía sumergida es una de estas áreas, pero también lo es la pequeña delincuencia, a la que se da poca importancia y apenas se persigue. El pequeño delincuente empieza rompiendo escaparates, a continuación perpetra pequeños hurtos y asaltos callejeros, y finalmente comete robo con fuerza en las cosas. Pese a ser la responsable de la mayoría de actos delictivos, la juventud se ha convertido en un gran paraíso legal. Estas *no-go areas* legales minan las instituciones y con ellas los vínculos que cohesionan la comunidad. En estas circunstancias, o bien hay que modificar la ley o bien hay que aplicar la ley en vigor en las áreas protegidas.

La política también puede crear ligaduras en otro sentido. Ciertamente, puede fomentar la competencia entre los individuos, pero también puede reforzar la solidaridad entre los ciudadanos; en el mejor de los casos, puede incluso hacer ambas cosas de forma equilibrada. Aquí la política económica y social tiene una importante misión que cumplir. En estos tiempos de globalización, la pregunta fundamental es la siguiente: ¿cómo podemos fomentar la competencia, que es ciertamente necesaria, sin destruir innecesariamente la cohesión social? Hay empresas que, entre otras cosas, tienen efectos solidarios, empresas que, por ejemplo, dominan toda una región (en el sector del automóvil, ciertas firmas han cumplido durante mucho tiempo esta función); hay industrias que integran distintos sectores económicos, con lo que crean un verdadero tejido social (por ejemplo, la industria del tomate en Parma y en sus alrededores). Y hay entidades públicas que son solidarias por su propia naturaleza, como las cajas de ahorros. Aunque hayan de transformarse para adaptarse a las nuevas condiciones de los mercados globales, estas empresas no deberían perder completamente su capacidad integradora.

Esto también es valido en el ámbito de la política social. El desarrollo económico, demográfico e incluso democrático pasa por la moderación de las desorbitadas pretensiones de la política social. No obstante, esta moderación no debería conducir simplemente a reforzar el individualismo. Ciertas políticas sociales tienen efectos secundarios que, aunque resultan caros, son de capital importancia, como el «pacto entre generaciones» y el existente entre enfermos y sanos. Si anulamos alegremente estos pactos, podemos acabar enfrentándonos a problemas muy graves, como los de la ley y el orden.

De entre todos los vínculos sociales que procuran las necesarias ligaduras a las opciones de las sociedades modernas, el más importante es la sociedad civil. La sociedad civil es ese caos creador de asociaciones en las que nos integramos espontáneamente. Estas asociaciones no deberían ser creadas ni dirigidas por el Estado; no tienen ánimo de lucro; sus fines son tan diversos como las motivaciones humanas, a veces son idiosincrásicos, como en el caso de las asociaciones filatélicas, a veces formativos o culturales, como las asociaciones literarias o filosóficas, otras veces procuran deleite a sus miembros o al público en general, como las orquestas de instrumentos de viento o los grupos de teatro, otras son de utilidad pública, como la atención voluntaria a los ancianos, a los pobres y a los sin techo. La integración en las asociaciones de la sociedad civil refuerza y consolida las ligaduras. De este modo se forma una red que protege a los hombres de una eventual caída, una infraestructura de la libertad.

Esta red no puede crearse desde arriba mediante simples medidas estatales. No obstante, es posible facilitar su formación mediante disposiciones legales, beneficios fiscales o a través de la exención del trabajo. Estas medidas reflejan una actitud ante la sociedad que no está movida fundamentalmente por el poder y la obediencia, ni por el beneficio y el interés. Esto nos conduce al complejo pero importantísimo tema de los valores comunes en una sociedad que no sólo concede un alto valor a las opciones, sino también a las ligaduras. En este punto, las sociedades modernas, y sobre todo las «posmodernas», lo tienen muy difícil, pues consideran algo positivo el *patchwork* de un pluralismo cualquiera. Pero esto no es así. Sin la existencia de unos valores comunes, el virus de la anomia, en todas las formas que aquí hemos descrito, no puede sino propagarse.

En Alemania, en cuanto se suscita esta cuestión aparece la idea del patriotismo constitucional. Este concepto puede ser de gran utilidad, pues nos recuerda la base institucional de los vínculos sociales. Sin embargo, muchas veces me he preguntado si el patriotismo constitucional no es acaso un valor común extremadamente débil, anémico. Ciertamente, en filosofía política la discusión ética sigue abierta. La idea de Avishai Margalit de «sociedad digna», una sociedad en la que nadie se vea degradado, forma parte de esta discusión. Recientemente, Margalit ha desarrollado esta idea en sus lecciones sobre Horkheimer: su «ética de la memoria» pretende deducir lo que él denomina «comunidades éticas» a partir de la memoria común. En el *Tratado sobre la tolerancia*,* Michael Walzer se ha ocupado del viejo tema de la tolerancia y de lo que significa vivir con lo diferente («La tolerancia hace posible las diferencias; las diferencias hacen posible la tolerancia»). Por su parte, Tony Judt, basándose en autores franceses, se ocupa de la virtud de la responsabilidad (*The Burden of Responsability*). La confianza (*trust*) y sus fundamentos son el principal tema de estudio de toda una serie de autores anglosajones.

Aunque no es exhaustiva, esta lista refleja suficientemente la preocupación por encontrar asideros o puntos de referencia en un mundo que carece de ellos. También refleja cierta dirección del pensamiento, preocupado fundamentalmente por la dignidad del hombre, la justicia, la tolerancia, la confianza y la responsabilidad. Pero ¿quiénes son estos autores para pretender que dichos valores se conviertan en valores comunes? ¿Cómo es posible salvar el abismo que existe, por ejemplo, entre libros tan complejos y especulativos y las decisiones que hay que tomar en relación con cuestiones candentes como las que plantean las ciencias de la vida y sus aplicaciones, o las relativas a la lucha eficaz contra el terrorismo global? ¿Cómo pueden las ideas de notables autores convertirse en ideas capaces de guiarnos en este mundo?

Cuando no se comparte la esperanza de que un discurso completamente libre de dominio y que pasa más o menos desapercibido pueda conducir por sí solo a la aceptación generalizada de unas reglas y unos valores, entonces sólo hay una respuesta: alguien tendrá que lle-

* Barcelona, Paidós, 1998.

var la voz cantante. En Alemania, esta idea causa conmoción; en Gran Bretaña, donde aún es una realidad, ya no es del agrado de muchos. Naturalmente, no estoy hablando de una voz autoritaria, de una imposición, sino más bien de una voz que goce de cierta autoridad. Las instituciones pueden desempeñar este papel; en el caso de Alemania, la Corte Constitucional Federal cumple una función de este tipo. En cambio, la Deutsche Akademie für Sprache und Dichtung no es ninguna Académie Française. Por otra parte, Alemania, al igual que la mayoría de países de Europa continental, carece de un Oxford o de un Cambridge. La Iglesia anglicana, cuyos obispos se sientan *ex officio* en la Cámara Alta, podrá ser criticada; pero en la discusión sobre genética, la presencia de sus representantes fue importante, y uno de ellos, el obispo de Oxford, fue incluso presidente de la Comisión para la investigación de células madre. Los intelectuales parisinos, así como los *think tanks* (grupos de análisis) londinenses de los más diversos colores políticos, cumplen esta misma función. Todos ellos lideran la discusión sobre valores, y de una forma tal que hacen que la opinión pública comprenda la importancia de no renunciar a la búsqueda de dichos valores. No hay nada peor que la indiferencia hacia el mundo desbocado, pues de la anomia a la tiranía hay sólo un paso.

No obstante, también existen algunos motivos de esperanza. Los acontecimientos del 11 de septiembre de 2001, el ataque terrorista que sufrió Nueva York y sus consecuencias, han estado en el trasfondo de esta conferencia. Durante las semanas que siguieron al ataque terrorista, algunos expresaron el deseo de que de lo malo saliese algo bueno. Y pronto pudimos apreciar los primeros signos de esta transformación. Uno de ellos fue y es el redescubrimiento de Occidente. Aunque en estado fragmentario, de pronto pudimos reconocer valores que no son ni exclusivamente americanos ni europeos, sino valores con pretensiones de validez mucho más amplias. En principio, estos valores deberían poder ser válidos para todos los hombres, pero tienen su origen en los países que ya han pasado por el calvario de la modernización y que por lo tanto conocen bien los peligros de la anomia y de la tiranía. Los edificios que construimos pueden ser destruidos, las instituciones en las que vivimos pueden verse amenazadas o incluso sacudidas, pero ahí siguen los valores que nos sirven para orientarnos. Al menos, esto es ya un punto de partida.

3

CAPITAL SIN TRABAJO.
LA RECONSTRUCCIÓN SOCIAL DE LA VIDA

EL REINO DE LA LIBERTAD

En el tercer volumen de *El capital* —no, pues, en alguno de sus escritos idealistas de juventud—, Karl Marx escribe un par de frases sobre el trabajo, su viejo tema, que merecen ser tenidas en cuenta. Más exactamente, estas frases tratan del «plustrabajo» [«Mehrarbeit»], esto es, de esa parte del rendimiento de los trabajadores que redunda en beneficio de los capitalistas. Pero, según Marx, en el sistema capitalista este trabajo adicional no es simplemente más tiempo de trabajo, sino aumento del rendimiento del trabajo, mayor productividad:

> Así pues, la verdadera riqueza de la sociedad y la posibilidad de la constante prolongación de su proceso de reproducción, no depende de la duración del plustrabajo, sino de su productividad y de la adecuación de las condiciones de producción en las que se realiza este trabajo. En realidad, el reino de la libertad sólo comienza allí donde el trabajo, determinado por la necesidad y por fines externos, cesa; por lo tanto, de acuerdo con su propia naturaleza, este reino está situado más allá de la esfera de la producción material propiamente dicha. Al igual que el salvaje, el hombre civilizado ha de luchar con la naturaleza para poder sa-

tisfacer sus necesidades, para mantener su vida y para reproducirla, y ello en todas las formas de sociedad y en todos los modos de producción posibles. Con su desarrollo se prolonga el reino de la necesidad, en virtud de las necesidades; pero al mismo tiempo también se prolongan las fuerzas productivas que satisfacen estas necesidades. En este ámbito, la libertad sólo puede consistir en que el hombre socializado, la asociación de productores, regule racionalmente su intercambio con la naturaleza, lo someta al control de la comunidad, en vez de ser dominado por él como por una fuerza ciega, y lo realice con el mayor ahorro de fuerzas posible y en las condiciones más dignas y adecuadas a su naturaleza humana. No obstante, éste no dejará de ser nunca un reino de la necesidad. Más allá de él comienza el desarrollo de las potencialidades humanas, que se presenta como un fin en sí mismo, el verdadero reino de la libertad, que sin embargo sólo puede florecer en ese reino de la necesidad y a partir de él. La reducción de la jornada laboral es su condición fundamental.[1]

El laconismo de la última frase casi provoca un *shock*; tras la altura de las ideas anteriores, nos sitúa directamente en el mundo real. Pese a que su lenguaje es un tanto complicado, la idea fundamental de Marx es bastante clara. El mundo del trabajo es siempre un reino de la necesidad. Este reino podrá hacerse más o menos digno, pero siempre será un mundo del «deber», de la obligación. El capitalismo permite aumentar enor-

---

1. Karl Marx, *Das Kapital Kritik der politischen Ökonomie*, vol. II, *Der Gesamtprozess der kapitalistischen Produktion*, Francfort del Meno, Ullstein, 1971, págs. 765 y sigs. (trad. cast.: *Crítica de la economía política*, Madrid, Siglo XXI, 1978).

memente el rendimiento del trabajo, la productividad. Al final, con menos trabajo se logra un rendimiento mayor, de modo que es posible reducir el tiempo de trabajo sin que la «producción» (como se decía en la época de Marx), es decir, lo que hoy denominamos *output*, y con él el producto nacional bruto, salgan perjudicados. De este modo se abre «el verdadero reino de la libertad». Los hombres tienen más tiempo para (como dice el joven Marx en *La ideología alemana*) «hacer un día una cosa y otro día otra, por la mañana cazar, a mediodía pescar, por la tarde cuidar del ganado, después de cenar criticar lo que se me antoje; y ello sin convertirme ni en cazador, ni en pastor ni en crítico».[2]

Estamos ante figuras de pensamiento que han perdurado hasta hoy mismo; con el tiempo se han convertido en patrimonio de todos. Hay que trabajar, por múltiples razones: para ganarse la vida, para mantener en marcha la economía, para financiar con impuestos los servicios públicos o para construir una identidad social. Pero el deber, lo que debe ser, es tan sólo una parte de la vida; la otra parte, lo que puede ser, es cada vez más importante. Después del trabajo comienza la libertad, la diversión. Y así hemos pasado de la sociedad del trabajo a la sociedad del ocio y, desde ésta, a la sociedad de la diversión. El reino de la libertad ha vencido al reino de la necesidad...

Éste es al menos el Marx «aplicado» que domina la actitud ante la vida y el lenguaje corriente en el mundo capitalista. Sin embargo, en lo que sigue argumentaré

2. Karl Marx y Friedrich Engels, *Die Deutsche Ideologie*, Berlín, Dietz, 1957, pág. 30 (trad. cast.: *La ideología alemana*, Madrid, Vision Net, 2002).

que en estas ideas, que además de corrientes son bastante simples, hay muchas cosas que no concuerdan. La sociedad del trabajo no sólo ha perdido terreno, sino que ha sido minada. La sociedad de la información, que muchos consideran su sucesora, es una sociedad que excluye a muchos individuos del mundo del trabajo. Detrás de esto hay una paradoja que todavía no se ha comprendido; el trabajo asalariado y el capital ya no están unidos indisociablemente, sino que el capital también puede reproducirse sin el trabajo de muchos. De este modo el trabajo se convierte en una forma de control social, esto es, en una falta de libertad en el reino de la necesidad que ya no es algo que esté en la naturaleza de las cosas, y por lo tanto en un instrumento de dominación.

¿Cuál es la solución a todos estos enigmas? Hannah Arendt y Robert Heilbroner han intentado solucionarlos, pero sus respuestas tampoco son satisfactorias. Y es que una respuesta satisfactoria pasa por el abandono de la distinción marxiana entre ambos reinos. La libertad es indivisible; o bien impera en todas las esferas de la actividad humana o bien está en peligro en todas ellas.

Si la sociedad del trabajo se queda sin trabajo

Esto es un programa demasiado ambicioso para una conferencia, pero en el contexto de esta serie de conferencias sobre la política de la libertad en un mundo desbocado se trata de algo fundamental. ¿Por dónde empezamos? «La reducción de la jornada laboral es su condición fundamental.» Si hay alguna reivindicación de Marx que haya sido atendida un siglo después de la publicación de *El capital*, es precisamente ésta. Hoy apenas nadie recuerda cuán revolucionaria fue la reivindicación de la semana laboral de cuarenta y ocho horas, ni la de la jornada de ocho horas. La reducción del tiempo de trabajo (de la jornada laboral, de la semana laboral, del año laboral y de la vida laboral) ha sido tan importante como las consecuencias que ha tenido.

Antes de pasar a resumir en unas cuantas frases la extensa investigación sobre el tema, he de hacer dos advertencias. En primer lugar, esta visión de conjunto no es válida para todos los casos. No lo es, evidentemente, para los llamados países en vías de desarrollo, pero dentro del mundo desarrollado también existen grandes diferencias. La situación de Japón y de Gran Bretaña es bien distinta de la de los países de la Europa continental. Pero si hay una sociedad que sea una sociedad del trabajo, incluso en mayor medida que el resto de países integrados en la OCDE, esa sociedad es la estadounidense. Esto me lleva a la segunda advertencia. Ni aquí ni en ningún otro lugar de mi análisis doy por supuesto que la historia tiene una sola dirección. No existe necesidad histórica alguna a la que estemos entregados irremediablemente; lo que ocurrió en el siglo pasado no tiene por qué repetirse en este siglo.

Pero de lo que no cabe duda es de los importantes cambios que han experimentado la vida laboral, el año laboral, la jornada laboral y las condiciones laborales:

- Por lo que se refiere a la *vida laboral*, el considerable aumento de la esperanza de vida se ha desarrollado en paralelo con la reducción, no menos considerable, de la vida laboral. El mayor acceso a la formación ha retrasado la incorporación al mundo del trabajo, de modo que por lo general muchos no se incorporan a él hasta los 20 años. Al mismo tiempo, en muchos casos el sistema de jubilaciones ha sido completado con las jubilaciones anticipadas; en muchos países sólo trabajan el 50% de las personas que tienen entre 55 y 64 años, un porcentaje que es mucho menor entre las personas de edad más avanzada. Si a esto añadimos el número de aquellos a los que el sistema define generosamente como inválidos y otros individuos inactivos, podemos decir que la vida laboral se sitúa en torno a los 35 años, mientras que la esperanza de vida supera los 70 años.

- El *año laboral* se ha reducido considerablemente por toda una serie de razones. Como la semana laboral es de cinco días, la mayoría no trabaja ciento cuatro días al año. Los días festivos añaden a esta cifra una docena de días o incluso más. El período de vacaciones establecido por la ley o estipulado en los contratos suele ser de unos treinta días. Una o dos bajas al año por gripe u otra enfermedad es algo bastante habitual. Así, para el trabajo no queda mucho más de la mitad de los días del año.

- La *jornada laboral* (y la semana laboral) también se ha reducido. Esta reducción se pone de manifiesto especialmente cuando la jornada laboral empieza temprano y se concentra en unas horas del día, es decir, cuando no está repartida a lo largo de un día. El reino de la necesidad, si es que todavía hay algo así, se ha reducido muy considerablemente. Aunque esta generalización sólo es válida para una minoría, podemos concluir que los hombres sólo dedican al trabajo la mitad de su vida, la mitad del año y la mitad de su tiempo de vigilia.

A esto hemos de añadir la transformación de las *condiciones laborales*. Las «condiciones laborales normales», para utilizar la expresión de Meinhard Miegel,[3] esto es, los contratos indefinidos y a tiempo completo, siguen siendo la forma de empleo más habitual. No obstante, hoy en día más de la mitad de la gente que trabaja lo hace ya en otras condiciones. El trabajo a tiempo parcial, el trabajo independiente (incluido el «aparentemente independiente»), el trabajo temporal, el desempleo no totalmente involuntario y las combinaciones más variadas (para las que las personas, sobre todo las mujeres, tienen muchísima imaginación) son cada vez más frecuentes.

Entonces, ¿qué queda del reino de la necesidad? Hannah Arendt fue la primera que habló de una «sociedad del trabajo que se ha quedado sin trabajo».[4] Desde ese momento, muchos han hecho suya esta fórmula, que ha llegado hasta el influyente libro de Jeremy Rifkin *El fin del trabajo*.[5] (En parte, yo también soy res-

3. Kommission für Zukunftsfragen der Freistaaten Bayern und Sachsen (Meinhard Miegel), *Erwerbstätigkeit und Arbeitslosigkeit in Deutschland. Entwicklung, Ursachen und Massnahmen. Parte I: Entwicklung von Erwerbstätigkeit und Arbeitslosigkeit in Deutschland und anderen frühindustrialisierten Ländern*, Bonn, 1996, págs. 1 y sigs.

4. Hannah Arendt, *Vita activa oder Vom tätigen Leben*, 8ª ed., Múnich y Zúrich, Piper, 1996, pág. 13; véase también capítulo 16.

5. Jeremy Rifkin, *Das Ende der Arbeit und ihre Zukunft*, 4ª ed., Francfort del Meno, Campus, 1996 (trad. cast.: *El fin del trabajo*, Barcelona, Paidós, 1996).

ponsable de esta historia, pues en el Congreso de sociología de Bamberg de 1982 pronuncié una conferencia titulada «Si la sociedad del trabajo se queda sin trabajo».)[6] En cierto modo, la tesis que subyace a estas investigaciones es una prolongación del análisis marxiano del aumento de la productividad asociado a la reducción de la jornada laboral. Llevada al extremo, esta tesis significa que la técnica hace prácticamente superfluo el trabajo de la mayoría para el mantenimiento del bienestar de un país.

Los economistas nunca se han sentido cómodos con la tesis del fin del trabajo. Alegando con razón que siempre habrá bastantes cosas que hacer y preocupados por sus teorías del crecimiento, la inflación y la ocupación, siempre se han burlado de ella. Yo me inclinaría a darles la razón, pues esta tesis puede inducir a error. Incluso en el caso de que las «condiciones laborales normales» se conviertan en un fenómeno minoritario, siempre habrá espacio suficiente para la actividad humana. En el sentido más amplio del término, pues, el trabajo no desaparecerá. Sin embargo, es innegable que la *sociedad del trabajo* ha llegado al límite. Ni la calidad ni la cantidad del trabajo disponible bastan ya para estructurar la sociedad. De este modo, el trabajo también pierde su capacidad para estructurar la vida individual. Es una ingenuidad seguir creyendo que la preparación para el trabajo, el desempeño del mismo, la recuperación del trabajo para seguir trabajando y el merecido descanso

6. Ralf Dahrendorf, «Wenn der Arbeitsgesellschaft die Arbeit ausgeht», en Joachim Matthes (comp.), *Krise der Arbeitsgesellschaft? Verhandlungen des 21. Deutschen Soziologentags in Bamberg 1982*, Francfort y Nueva York, Campus, 1983, págs. 25-37.

como recompensa por una vida de trabajo son elementos que estructuran nuestra vida. Las instituciones sociales mudan de carácter y de significación.

Esta transformación es visible en cosas muy concretas, de las que también se ocupan los economistas. Identificar productividad y productividad del trabajo es cada vez más absurdo, máxime cuando es posible que en el futuro haya necesidad precisamente de esos servicios simples en los que el aumento de la productividad es prácticamente imposible, mientras que la productividad de la producción tecnificada de artículos de uso corriente aumenta de forma desmesurada. Nuestros sistemas tributarios siguen dependiendo fundamentalmente de los impuestos sobre sueldos y salarios y de los impuestos sobre la renta, aunque la renta del trabajo es cada vez más irrelevante. En cambio, el verdadero causante del aumento de la productividad, el capital, no es gravado de forma significativa. Si queremos unas infraestructuras públicas que fomenten en la misma medida trabajo y tiempo libre, esta situación no podrá prolongarse por mucho tiempo.

Las restantes consecuencias socioeconómicas del final de la sociedad del trabajo no son menos importantes. La formación ha de ser algo más que una simple preparación para desempeñar una actividad profesional; su finalidad es integrar al individuo en una vida compleja que exige permanentemente el ejercicio de la responsabilidad. El tiempo libre del que disfrutamos durante nuestra vida laboral requiere altas dosis de iniciativa propia. ¿O acaso queremos dejar el ocio en manos de la electrónica y de las agencias de viajes? El importante tema de los veinte o treinta años que siguen a la jubilación (con frecuencia anticipada) no sólo concierne y preocupa a los interesados. El paro también empieza a cambiar de rostro. Él mismo es el producto de la sociedad del trabajo; el historiador de la sociedad Alexander Keyssar ha mostrado que el paro surgió de la separación de los lugares de trabajo, las fábricas, del resto de la vida.[7] Pero ¿qué significa «paro» cuando la sociedad del trabajo pierde su capacidad de estructuración?

Ésta no es la única pregunta que sigue abierta. De hecho, todavía no sabemos qué puede estructurar verdaderamente la vida y la sociedad cuando deje de hacerlo el trabajo en «condiciones laborales normales».

La sociedad de la información o meritocracia

Hay un par de respuestas para esta pregunta, aunque en verdad no son completamente satisfactorias. La tesis más extendida es que estamos pasando desde la sociedad del trabajo de los tiempos de la Revolución industrial a una sociedad de la información. Meinhard Miegel ha desarrollado esta tesis con la prudencia propia del economista social, pero algunos autores anglosajones se han mostrado mucho menos cautelosos. Para Manuel Castells, por ejemplo, la nueva economía de la información es la solución de todos los problemas clásicos: de las clases y de sus luchas, de la desigualdad en general e incluso de la dominación. La economía de la información es la base de la *network society*, en la que ya no son las clases sociales, sino las redes de informa-

7. Alexander Keyssar, *Out of Work. The first century of unemployment in Massachusetts*, Cambridge, Cambridge University Press, 1986.

ción, las que determinan tanto las estructuras sociales como la identidad del yo. De este modo, la información es la nueva fuerza productiva, pero no en tanto que instrumento práctico, sino en tanto que fuente de nueva información.[8]

Anthony Giddens comparte sin reservas el optimismo de esta posición en relación con la globalización. «Marx pensaba que la clase trabajadora acabaría enterrando al capitalismo, pero lo que ha sucedido es que el capitalismo ha enterrado a la clase trabajadora.» Las viejas clases han sido desplazadas por la universalización de la información. «Información y saber se han convertido en medios de producción que reemplazan a muchas formas de trabajo manual.» Así se expresa Giddens en una conversación con el economista Will Hutton, que se muestra más cauteloso que él, pues no confía plenamente en que se produzca un gran salto adelante. Por eso tampoco le convence la alabanza de Giddens de la «nueva economía»: «Como es sabido, el valor contable de Microsoft es ridículo comparado con el valor de la empresa en el mercado».[9] No ha tenido que pasar mucho tiempo para que el «es» de esta gaya ciencia haya tenido que ser sustituido por un «era».

Como es de esperar, este elogio de la sociedad de la información prosigue con la insistencia en la importan-

8. Manuel Castells, *Der Aufstieg der Netzwerkgesellschaft*, primera parte de la trilogía *Das Informationszeitalter*, Opladen, Leske und Budrich, 2001 (trad. cast.: *La era de la información*, vol. 1, *La sociedad red*, Madrid, Alianza, 2000).

9. Will Hutton y Anthony Giddens (comps.), *Die Zukunft des globalen Kapitalismus*, Francfort del Meno y Nueva York, Campus, 2001, págs. 12-67.

cia de la formación. Las instituciones educativas son fundamentales para consolidar esa fuerza productiva que es la información. En Gran Bretaña, la palabra meritocracia no sólo se ha convertido en una palabra de moda, sino en una meta deseable. Pero quienes la defienden dentro del New Labour han vuelto a olvidar la historia, en este caso el libro sobre el «ascenso de la meritocracia» que Michael Young, su viejo camarada laborista, publicó en 1958.[10] Este libro es un ensayo utópico-satírico, es decir, una utopía negativa a la manera de Orwell o de Huxley. Situándose imaginariamente en el año 2033, Young describe la evolución de la sociedad hacia la meritocracia (el poder de los más capacitados). En la narración de Young, la meritocracia sustituye a la aristocracia y a la gerontocracia, esto es, a las formas de gobierno en las que el poder depende del origen y de la edad. Todo parece estar en orden, hasta que de repente se descubre con horror que en la meritocracia no hay sitio para todos y que, además, no es la solución para todos los problemas. «Y es que el valor de los hombres no radica en la igualdad, sino en la desigualdad de sus capacidades.»[11] De este modo, en el seno de la meritocracia se forman dos «cuerpos». Young habla de las clases sociales como si se tratase de cuerpos del ejército. Por una parte está el «cuerpo de zapadores», formado por aquellos cuyas capacidades no son suficientes para pertenecer a la élite. Ellos se encargan de todo el trabajo manual, que requiere ciertas habilidades y que resulta imprescindible. Después están aquellos cuyas

10. Michael Young, *The Rise of the Meritocracy*, Londres, Thames and Hudson, 1958, especialmente pág. 92.
    11. *Ibid.*

capacidades no les permiten formar parte del cuerpo de zapadores. Se trata del Home Help Corps, una especie de «cuerpo auxiliar doméstico» para el que se reservan los más diversos servicios personales, trabajos que ya nadie quiere hacer y de los que sin embargo tampoco es posible prescindir. Young describe la evolución de esta nueva sociedad de clases desde su entumecimiento hasta la revolución. Merece la pena leer el libro, cuya tesis fundamental también ha sido desarrollada por otros autores fuera del marco de una utopía negativa. Adair Turner, economista práctico, no muestra ninguna aversión hacia esta nueva forma de meritocracia que es la sociedad de la información, pero tampoco pone demasiadas esperanzas en ella. Distingue más bien entre la nueva economía *high-tech* y la vieja economía *high-touch*, es decir, entre la alta tecnología del mundo de la información y el trabajo de siempre, el que requiere ponerse manos a la obra y estar en contacto real con las cosas y con los hombres. También podríamos hablar de una economía de pantalla y de una economía de contacto real. «Así pues, la nueva economía no es simplemente una economía *high-tech*, no se basa únicamente en el saber. Es más bien una mezcla de *high-tech* y de *high-touch*, de lo etéreo y de lo real y palpable, del trabajo basado en la información y del trabajo de siempre, un trabajo que no se puede eludir.»[12] Por lo demás, añade Turner, todo esto tampoco es tan nuevo.

Ante una mirada más atenta, pues, la sociedad de la información no se presenta como la superación del va-

---

12. Adair Turner, *Just Capital. The Liberal Economy*, Londres, Macmillan, 2001, capítulo 2 (trad. cast.: *Capital justo: la economía liberal*, Barcelona, Tusquets, 2003).

cío y de la anomia que deja la sociedad del trabajo. Ciertamente, cada vez hay más actividades basadas en el saber, o en cualquier caso en el tratamiento de la información. Las generalizaciones sobre la reducción de la jornada laboral no son válidas en relación con estas profesiones. Los integrantes de la meritocracia de la sociedad de la información trabajan muchas horas, su semana laboral es de seis o siete días, suelen tener pocas vacaciones y sólo permanecen en sus puestos durante uno o dos años, hasta que sus capacidades se vuelven obsoletas y se quedan estancados. En el caso de los que trabajan en contacto con el mundo real, el problema más importante de su trabajo es que no les procura la satisfacción (ni a menudo el dinero) que buscan. De este modo, está todavía por ver si la sociedad de la información puede llegar a suceder verdaderamente a la sociedad del trabajo, pero de lo que no cabe duda es de que su forma meritocrática producirá nuevas tensiones que privarán de oportunidades a la mayoría.

Sólo capital

Just Capital, así se titula en inglés el libro de Adair Turner que acabo de citar. Se trata de una economía política de la libertad, o como dice el propio autor en el subtítulo, de un libro sobre la «economía liberal». Por «economía liberal», sin embargo, Turner no entiende la economía neoliberal del llamado capitalismo puro y duro. De hecho, una de sus tesis principales es que las variantes del capitalismo tienen muchas más posibilidades de las que admite la ingenua teoría de la globalización. Para poder prosperar en los mercados globales, estas variantes no tienen por qué seguir el modelo estadounidense, ni ajustarse a un modelo europeo único. Por otra parte, la política nacional también tiene más posibilidades de las que están dispuestos a reconocer quienes entienden la globalización como un proceso histórico necesario. Libertad significa aquí, como en todas partes, diversidad.

El título del libro de Turner, *Just Capital*, tiene dos significados. El capitalismo puede ser justo; éste es el primer sentido del título. El otro es que solamente hay capital. Yo quisiera extremar esta tesis, pero a mi modo, no al modo de Turner. La idea de que capital y trabajo son indisociables está presente en todas las teorías del capitalismo, desde Adam Smith y Karl Marx hasta John Maynard Keynes y después. Adam Smith explica detalladamente que la mejora de las condiciones de vida de todos depende de la alianza de capital y trabajo productivo. El trabajo no productivo (que recuerda al *high-touch* de Turner) tiene una utilidad social, pero por sí mismo no conduce al aumento del bienestar. Marx subraya esto mismo de forma polémica: «La existencia de una clase cuya única posesión es su capacidad de trabajo es una condición necesaria del capital».[13] Pero lo contrario también es cierto: el capital hace posible la subsistencia de los trabajadores. Keynes traslada todo esto al ámbito macroeconómico y busca vías que aseguren el pleno empleo mediante la mano visible del Estado, pues sin pleno empleo se produce una peligrosa desestabilización. Ésta es la razón por la que Key-

---

13. Karl Marx, «Lohnarbeit und Kapital», en Karl Marx y Friedrich Engels, *Ausgewählte Schriften in zwei Bänden*, vol. I, Berlín, Dietz, 1959, págs. 59-62, aquí pág. 78.

nes ha sido considerado como el salvador del capitalismo.

Todo esto tiene una validez muy limitada en relación con el capitalismo *high-tech* de la época de la globalización. Para empezar, el pleno empleo ha perdido su antigua importancia. Un tercio de la población apta para el trabajo ya no trabaja, sin que por ello podamos hablar de parados en la antigua acepción del término. Por otra parte, los parados encuentran todo tipo de salidas, que van desde el hábil aprovechamiento de las ayudas del Estado hasta el trabajo familiar, pasando por el trabajo clandestino. Los políticos siguen hablando el lenguaje de la vieja sociedad del trabajo, pero este lenguaje ya no sirve para ganar unas elecciones. La economía *high-tech* puede prescindir de la mayoría de los individuos en condiciones de trabajar.

Pero esto no significa que éstos puedan vivir más allá del mercado de trabajo. La clase global, instalada en la riqueza gracias a las sucesivas oleadas de nuevas tecnologías, necesita todo tipo de ayudantes y personal de servicio. Algunos de ellos, como el ejército de técnicos informáticos con los que cuentan casi todas las instituciones, pueden ser calificados propiamente de trabajadores productivos. Los más están al servicio de la comodidad, cuando no de la diversión, de otros, como el chófer, los criados, el capitán de yate privado y su tripulación o el profesor de golf. A los que hemos de añadir todos los que forman parte del «cuerpo de zapadores», y sobre todo los que pertenecen al «cuerpo auxiliar doméstico», compuesto por el personal de seguridad, las personas encargadas del cuidado de ancianos, fontaneros, jardineros, puericultoras o enfermeras.

La llamada sociedad de los servicios se ha convertido desde hace mucho tiempo en una expresión equívoca. Esta sociedad se compone de una esfera *high-tech* y de una esfera *high-touch*. Los bancos y las compañías de seguros pertenecen a la primera, los servicios personales a la segunda. Para el crecimiento de la economía sólo son necesarios los primeros. En esta esfera, el capital se ha hecho autónomo; el trabajo, y especialmente el trabajo asalariado, es cada vez más innecesario. En la otra esfera, es el trabajo el que se ha hecho autónomo; el capital fijo, e incluso las máquinas, juegan un papel muy limitado. Lo que significa que, en un futuro, el capitalismo podrá prescindir de gran parte del trabajo, y de los trabajadores. «Capital sin trabajo» es perfectamente imaginable, y una posibilidad cada vez más real. Lo mismo cabe decir de «trabajo sin capital».

Este trabajo sin capital puede haberlo o no, en cualquier caso es posible prescindir de él. El «cuerpo auxiliar doméstico» es esencialmente prescindible. En muchas partes los empleados domésticos ya no existen (o sólo, un tema sobre el que volveremos después, en situación de semiesclavitud, como por ejemplo los inmigrantes sin papeles). En Estados Unidos, la gente suele hacer que le lleven la pizza a casa, que le limpien los zapatos y que le laven el coche; en Europa, en cambio, la mayoría suele recoger su pizza y llevar su coche a lavar, qué pueda suceder con los zapatos no lo sé. Los mercados «do-it-yourself» europeos también ayudan a explicar el bajo nivel de ocupación de este sector comparado con Estados Unidos.

Asistimos a la separación de trabajo asalariado y capital. Así pues, ya no es verdad que la existencia de una clase cuya única posesión es su capacidad de trabajo sea una condición fundamental del capital. Para el capital y su misteriosa reproducción, vale más bien lo que los defensores de la sociedad de la información gustan de subrayar: «En esta nueva fase basada en la información, la verdadera fuente de productividad es la tecnología del desarrollo, del tratamiento y de la comunicación de símbolos».[14] Además, estamos ante un *cumulative feedback loop*: el uso y la aplicación del saber es la base para el posterior desarrollo del saber. No estoy seguro de poder imaginar correctamente estos complejos procesos, pero de lo que no cabe duda es de que las redes que los impulsan no tienen nada que ver con la vieja y fatal imbricación de trabajo asalariado y capital.

Pero no está de más añadir que, en el mejor de los casos, esto no es más que la mitad de la historia. Capital sin trabajo significa también trabajo sin capital. En una sociedad asentada en la información y en la tecnología, el trabajo sin capital recae en formas de actividad y de dependencia más primitivas que las que conoció la sociedad industrial desarrollada. Las sociedades capitalistas de la información producen un mundo escindido.

El trabajo como forma de control social

Si dejamos las alturas de la abstracción y descendemos a la realidad, llaman la atención dos cosas. La primera es que el mundo laboral ha adquirido ese aspecto de *patchwork* que ha caracterizado este análisis. Para la mayoría, el viejo mundo del trabajo y sus estructuras perfectamente definidas (formación, trabajo y tiempo

14. Castells, *op. cit.*, pág. 17.

libre, jubilación) es tan sólo un recuerdo, pero este recuerdo sigue vivo. Esto es válido tanto para las motivaciones de los jóvenes como para el sistema tributario y las estructuras sociales. Por el momento, la *network society* de Manuel Castells no es más que una fantástica construcción académica, al igual que el «trabajo civil» en una sociedad cosmopolita de Ulrich Beck.[15] Meinhard Miegel está más cerca de la realidad cuando afirma, no sin cierta osadía, que la mayoría de los hombres (la mayoría de los alemanes, dice él) nada desean tanto como un trabajo estable, y una vez que lo han conseguido, hacen todo lo que pueden para trabajar lo menos posible.[16]

La otra cosa que llama la atención es que en el discurso público, y también en el político, el trabajo desempeña un papel cada vez más específico. Las empresas anuncian la creación de cuatrocientos nuevos puestos de trabajo en el Sarre o en el norte de Gales, y lo hacen con tal regocijo que se diría que éste es el verdadero objetivo de la empresa. (Cuando, un par de años después, destruyen puestos de trabajo e incluso eliminan ciertas prestaciones con el fin de aumentar sus beneficios, entonces ya no hacen tanto ruido.) Los políticos subrayan con sospechoso énfasis su intención de dar trabajo a todos. Esto resulta especialmente llamativo entre los políticos de la «tercera vía», que subrayan constantemente

15. Véase Ulrich Beck, *Die Zukunft von Arbeit und Demokratie*, Francfort del Meno, Suhrkamp, 2000; Ulrich Beck, *Schöne neue Arbeitswelt. Vision: Weltbürgergesellschaft*, Francfort del Meno y Nueva York, Campus, 2000 (trad. cast.: *Un nuevo mundo feliz: la precariedad del trabajo en la era de la globalización*, Barcelona, Paidós, 2003).

16. Véase nota nº 3.

la importancia del trabajo. El necesario equilibrio de derechos y obligaciones suele ocupar un lugar muy destacado en sus discursos. Tony Giddens habla del «lema supremo de la nueva política»: «no hay derechos sin responsabilidades».[17]

Ésta es una tesis aparentemente plausible, pero peligrosa, y sobre todo muy poco liberal. Hay derechos, y hay deberes y responsabilidades. El ciudadano, el *citoyen* o *citizen*, tiene derechos y tiene deberes, pero son independientes los unos de los otros. La libertad de opinión no puede hacerse depender del pago de los impuestos, el derecho de sufragio no puede condicionarse a la predisposición a ayudar a los vecinos. Por eso, una política que afirma insistentemente que sólo los parados que se esfuerzan por buscar trabajo tienen derecho a percibir una ayuda del Estado, o incluso que sólo pueden solicitar una ayuda estatal aquellos discapacitados y aquellas madres jóvenes que trabajan, una política así atenta profundamente contra la libertad.

Anthony Giddens, al que he citado ya varias veces, es perfectamente consciente de los cambios que ha sufrido el mundo laboral; él mismo habla (aunque entre comillas) de un mundo situado «más allá de la sociedad del trabajo». El New Labour y los defensores del «nuevo centro» están obsesionados con la necesidad del trabajo. Consideran que el trabajo es el primer deber de los ciudadanos. Pero si escuchamos atentamente sus palabras, descubrimos que para ellos el trabajo, entendido como actividad profesional, ya no es una simple fuente de ingresos, de integración social y de crecimien-

17. Anthony Giddens, *Where now for New Labour?*, Cambridge, Polity Press, 2002, págs. 11 y 79.

to económico, sino un instrumento de control social. Sin trabajo para todos, el mundo queda totalmente fuera de control. Solamente si todos trabajan, sigue siendo posible cohesionar la sociedad, y controlarla.

Hemos de reconocer que esta idea es bastante comprensible. Los jóvenes sin trabajo se han convertido en una amenaza para las sociedades modernas. Son presa fácil de todo tipo de fundamentalismos, hasta de aquellos que les presentan el martirio como algo atractivo. Son los responsables de la mayoría de los abusos y actos delictivos que provocan los llamamientos a la ley y al orden. Estaría bien que hiciesen algo con sentido, de esto no hay duda. Pero eso sí: algo que para ellos tuviese sentido. En tanto que imposición, el trabajo no soluciona el problema de la desorientación de la juventud. Ni siquiera el servicio militar obligatorio, allí donde todavía existe, es capaz de solucionar este problema.

La desfalleciente sociedad del trabajo no sólo inquieta a los que mandan. Tras el debilitamiento de la fuerza integradora de la familia, del barrio y de la Iglesia, el mundo del trabajo era, por decirlo así, el último recurso, la última fuente de cohesión. Sin embargo, constituiría una singular perversión de las tesis de las que he partido en esta conferencia emplear el reino de la necesidad como un argumento para limitar el reino de la libertad. Como toda obligación, la obligación de trabajar es un paso hacia la falta de libertad. No deberíamos olvidar el cinismo de la divisa que figuraba en los portones de los campos de concentración y de exterminio nazis: «El trabajo hace libre».

EL VERDADERO REINO DE LA LIBERTAD

Quien haya seguido hasta aquí mis observaciones, análisis y dudas, se preguntará adónde ha de conducirnos este viaje. Este viaje es el viaje de las ideas, pero también el de la construcción de la vida de los hombres reales en el mundo real. Por lo demás, el destino del viaje es claro; se llama libertad. Pero ¿qué libertad? Y ¿cómo podemos alcanzarla?

La crítica de las distinciones introducidas por Marx, a primera vista tan obvias, afecta a su distinción de dos «reinos», y de este modo a la suposición de que el reino del trabajo es un reino fundamentalmente falto de libertad. El ascenso y la caída de la sociedad del trabajo nos ofrece otras posibilidades. Son muchos los autores que han intentado discernirlas. Hay tres que merecen ser mencionados, pues sus aciertos, e incluso sus errores, marcan el camino hacia una posible respuesta. Al igual que yo he hecho aquí, estos tres autores se han ocupado de la sociedad del trabajo que se queda sin trabajo.

De Hannah Arendt ya hemos hablado. La autora comienza su análisis distinguiendo tres formas de actividad humana, a las que denomina «trabajo», «producción» y «acción». (En la versión original de *Human Condition*,* los conceptos ingleses todavía son más equívocos: *labour, work* y *action*.) El trabajo asegura la supervivencia; la producción tiene como resultado productos duraderos; la acción, que Hannah Arendt entiende fundamentalmente como acción política, «crea las condiciones que posibilitan la con-

* *La condición humana*, Barcelona, Paidós, 1993.

tinuidad entre generaciones, la memoria y la historia».[18]

Estas definiciones ponen ya de manifiesto que Arendt parte de una jerarquía de actividades. Aunque en este punto sigue a Aristóteles, la autora entiende su *vita activa* de forma más amplia que él y, curiosamente, de la *vida contemplativa* sólo habla al final del libro. Pero mientras que las distinciones de Aristóteles presuponen una sociedad de clases (los esclavos deben trabajar para que los ciudadanos libres puedan dedicarse a pensar), para Hannah Arendt los dos últimos siglos han ido liberando a todos los hombres del trabajo y de la producción, *labour* y *work*. Los hombres quedan libres para la *vita activa*, es decir, para la actividad ciudadana en el seno de la comunidad política. De este modo pueden concentrarse en la construcción de la sociedad.

En el fondo, el análisis de Arendt conserva la distinción introducida por Marx. Lo mismo cabe decir de Ulrich Beck, aunque su argumentación se muestra más atenta a los cambios que ha experimentado la sociedad. Beck subraya la «tímida aparición de lo discontinuo, de lo inestable y de lo fluctuante en los bastiones occidentales de la sociedad de pleno empleo». «La falta de trabajo retribuido», afirma Beck, nos permite «descubrir el verdadero valor del tiempo». Y después afirma: «La antítesis de la sociedad del trabajo es el reforzamiento de la sociedad política de individuos, la consolidación de la sociedad civil activa». Así, junto al trabajo retribuido surge lo que Beck gusta de llamar «trabajo civil», entendido como «fuente alternativa de actividad y de identidad».[19]

18. Arendt, *op. cit.*, págs. 16 y 18.
19. Véase nota nº 14.

Beck une así a Karl Marx y Hannah Arendt. Aunque mantiene separados los dos reinos, ve en la «desestabilización» del reino de la necesidad la esperanza del reino de la libertad, su oportunidad para la acción política. Este protagonismo de lo político es en gran medida una esperanza típicamente alemana, la misma que atraviesa la ética discursiva de Jürgen Habermas. Está por ver qué camino tomarán los ciudadanos normales y corrientes. En cualquier caso, lo importante es que Beck también sitúa la libertad más allá de la sociedad del trabajo.

El tercer autor relevante en este contexto, el economista político —«filosófico» sería más apropiado— Robert Heilbroner, toma otro camino. En un escrito breve y extraordinariamente sutil (originalmente una conferencia), Heilbroner aborda *The Act of Work*, el acto de trabajo. El capitalismo superó la brutal dependencia de los trabajadores, su esclavitud, a través del contrato laboral, establecido en una sociedad convertida en un inmenso mercado de trabajo. Sin duda, esto no trajo la libertad «perfecta» o «natural» que subrayó Adam Smith; la necesidad de encontrar trabajo siguió significando dependencia y «plustrabajo» («Mehrarbeit»). Al mismo tiempo, en el capitalismo se puso en marcha un proceso que redujo progresivamente la dependencia de los trabajadores y transformó sus motivaciones. Ahora, éstos trabajaban para mantenerse, para prosperar. Ciertamente, esto puede alimentar la «ilusión de un mundo sin trabajo», pero es más realista esta otra posibilidad: «No la de una sociedad sin esfuerzo y sin trabajo, sino la de una sociedad sin esfuerzo servil, sin esfuerzo por subordinarse».[20]

20. Robert L. Heilbroner, *The Act of Work*, Washington, Library of Congress, 1985, pág. 22.

«Un mundo sin trabajo es una ilusión, y además una ilusión peligrosa.» Un mundo sin dominio y sin subordinación, en cambio, es perfectamente posible. «¿Puede el trabajo, la primera y tal vez la más importante forma de subordinación social, convertirse en la primera y tal vez más emancipadora forma de responsabilidad social?»

En este análisis de Heilbroner podemos reconocer las huellas de las tesis de Arendt y de Beck. También él confía en que hombres independientes y autónomos construyan una sociedad que potencie lo mejor de sí mismos. Sin embargo, Heilbroner se distancia de estos dos autores en un punto fundamental. Las respuestas, dice, sólo las encontraremos «luchando por la creación de nuevos espacios de libertad en el seno del mundo del trabajo, no fuera de él».[21]

Puede que la desintegración de la sociedad del trabajo no sea más que una esperanza pasajera. No debemos olvidar que el progreso no es una necesidad histórica. Pero también puede ser que hayan surgido nuevas posibilidades de construcción de la vida humana que, al menos, nos permitan poner ejemplos de realización concreta de la libertad. En este punto, el concepto de actividad es fundamental. La libertad es la vida como actividad, es decir, como acción autónoma, independiente. Pero esta actividad no empieza sólo en el tiempo libre o fuera del trabajo, sino en el mismo trabajo. Así pues, lo que nosotros llamamos trabajo, el trabajo retribuido, es parte de un único proceso de actividad al que pertenecen tanto nuestra formación y nuestra forma de relacionarnos con los demás, como los *hobbies* y las actividades de ocio (dos expresiones que proceden

21. *Ibid.*, pág. 24.

de la época que había perdido de vista la unidad de la vida).

La vida como actividad no es en absoluto un ideal vacío. En cierto modo, es la recuperación de viejas formas de vida en un presente con un nivel de bienestar mucho mayor y sin las brutales dependencias del pasado. Por otra parte, es posible que las mujeres sean mejores que los hombres a la hora de construir su vida como *una* actividad de múltiples dimensiones. Pero también hay hombres jóvenes que construyen su vida combinando en libertad múltiples actividades: la formación profesional, el deporte, la música, la amistad y hasta un poquito de política. El fin de la sociedad del trabajo no equivale, pues, al fin del trabajo, ni menos aún al fin de la actividad; pero la posibilidad de que esto se convierta en el principio de una sociedad de la actividad en libertad depende únicamente del esfuerzo de todos nosotros.

4

CLASES SIN LUCHA, LUCHA SIN CLASES. EL CONFLICTO SOCIAL MODERNO

LA NUEVA DESIGUALDAD

Estas conferencias han dado comienzo con la valiente declaración que el político británico Macmillan, ascendido al cargo de primer ministro, hizo en el año 1957: *We have never had it so good*. Nunca nos ha ido tan bien como ahora. Si esto era verdad en la década de 1950, ¡cuánto lo es medio siglo después! Que también seamos más felices que nuestros padres y nuestros abuelos, esto es ya otra cuestión, pero de lo que no cabe duda es de que nuestro nivel de vida es más alto que nunca. Lo que los economistas llaman prosperidad, bienestar (*well-being*), ha alcanzado cotas sin precedentes. Nuestras oportunidades también son mucho mayores que las que tuvieron las generaciones anteriores. Hacemos bien en no olvidar estas cosas sencillas.

Pero nadie se habrá extrañado de que yo haya puesto varios «peros» a esta afirmación. El pero más grande de todos es una pregunta muy directa: ¿a quiénes se refiere este «nosotros» del que hablamos? ¿A quiénes les va bien? Sin duda, no a todos los hombres del mundo. La globalización de nuestras perspectivas nos ha hecho aún más conscientes de que la mayor riqueza y la más extrema pobreza viven muy cerca la una de la otra. En Afganistán, el país más rico del mundo ha hecho la guerra al país más pobre. El coste de cada una de las sofisticadas bombas estadounidenses equivale a los ingresos diarios de un millón de afganos; en una semana de bombardeos se gastó más del producto nacional bruto de Afganistán.

Esto no puede ser un argumento contra la lucha militar contra el terrorismo, pero en cualquier caso es preocupante. Sin que su bienestar se resienta un ápice, los unos pueden permitirse gastar en una semana de mortíferos fuegos de artificio lo que los otros no pueden ganar en un año. Mi tema no es aquí el Tercer Mundo (si es que esta denominación sigue teniendo algún sentido). Aquí hablamos fundamentalmente de los países ricos integrados en la Organización de Cooperación y Desarrollo Económico (OCDE). Pero es inevitable que los pobres salgan a relucir, sobre todo cuando se habla de conflicto en el mundo moderno. La población de los países de la OCDE no es más que el 10% de la población mundial; en el otro extremo, en la más absoluta pobreza, no sólo están la mayor parte de los indios y de los chinos, sino también millones de asiáticos, latinoamericanos y sobre todo africanos. Según el Instituto de investigación económica dependiente de Naciones Unidas (WIDER), 1.200 millones de personas, una quinta parte de la población mundial, viven en la pobreza.[1]

En la Cumbre del Milenio, la ONU ha propuesto reducir esta cifra a la mitad para el año 2015; pero el Instituto de investigación económica observa que la ten-

---

1. Giovanni Andrea Cornia y Julius Court, *Inequality, Growth and Poverty in the Era of Liberalization and Globalization*, Helsinki, UNU/WIDER, 2001.

dencia actual es más bien la opuesta: el número de pobres va en aumento. ¿Cómo se explica esta situación? ¿Es la creciente desigualdad «inevitable en un mundo de cambio tecnológico y globalización»? El Instituto de investigación económica responde que no y señala a países con poca desigualdad y elevado crecimiento, como Canadá y Taiwan. Pero éstos son casos excepcionales. En verdad, para poder comprender las causas fundamentales de esta situación, y los conflictos que éstas tienen por efecto, hemos de empezar por los ricos, es decir, por los países miembros de la OCDE.

Los hechos hablan por sí solos; Adair Turner los enuncia (en el año 2000) con la cautela y la exactitud propias del economista: «Para la inmensa mayoría de las sociedades desarrolladas, los últimos veinticinco años han significado ya un fuerte aumento de la desigualdad (en los países en los que los mercados laborales son bastante flexibles), ya un crecimiento importante del desempleo entre los menos cualificados (en los países en los que los mercados laborales son inflexibles)».[2] Estados Unidos y Gran Bretaña pertenecen a la primera categoría y su evolución es especialmente interesante. En la década de 1980, los ingresos del 1% de los norteamericanos que más ganaban aumentaron un cien por cien, mientras que los del 20% que menos ganaban disminuyeron un 10%. Los pobres se hicieron aún más pobres, mientras que los ricos se hicieron mucho más ricos. Si examinamos detenidamente la lista de los nuevos ricos, comprenderemos que no estamos simplemente

2. Adair Turner, *Just Capital: The Liberal Economy*, Londres, Macmillan, 2001, pág. 83 (trad. cast.: *Capital justo: la economía liberal*, Barcelona, Tusquets, 2003).

ante la prolongación de una tendencia histórica ya conocida.[3] De los quinientos británicos más ricos del año 2000 (los ingresos del último de la lista ascienden a 1,5 millones de libras esterlinas), ciento ochenta y uno, el 36%, pertenecen al mundo del espectáculo, del deporte o de los medios de comunicación. Posiblemente, la fortuna de estos famosos es más o menos circunstancial. ¿Y los otros? Sólo 8 de las quinientas fortunas, incluida la de la reina, son viejas fortunas. Ciento cincuenta y dos de estos nuevos ricos, es decir el 30%, han hecho su dinero en los ámbitos de la informática, de las finanzas y de las telecomunicaciones, y nadie sabe cuánto tiempo durará su fortuna. Lo cierto es que, mientras dura, los nuevos ricos influyen considerablemente en los valores dominantes de la sociedad, pero ellos mismos «están desconectados de la cultura común de la sociedad» (como dice Raymond Plant).[4]

¿Y los pobres? Aquí el concepto de «pobreza relativa» que algunos utilizan no nos es de mucha ayuda. Que haya gente que disponga de menos de la mitad de la renta media de su país no es necesariamente un problema social, pues con este criterio *per definitionem* siempre hay pobres. Una investigación británica arroja resultados más preocupantes.[5] El 25% de los británicos adultos no tiene ahorros. El 14% no puede mantener su vivienda en buenas condiciones. El 20% no tiene dinero para viajar, ni siquiera para visitar a familiares que

---

3. Los datos siguientes proceden de «Pay List 2000», en *The Sunday Times Magazine*, Londres, 19 de noviembre de 2000.

4. Raymond Plant, *The Rich*, inédito.

5. David Gordon y otros, *Poverty and Social Exclusion in Britain*, York, Joseph Rowntree Foundation, 2000.

no residen muy lejos de su domicilio. El 5% no tiene ropa adecuada para protegerse del frío o del mal tiempo. El 10% no puede permitirse tomar una cerveza en el bar. Así surge la imagen de la «exclusión social» que está en el centro del actual debate sobre la reforma.

Estos pocos datos no pueden demostrar muchas cosas, pero ilustran la tesis de la que ha partido esta conferencia. En los procesos socioeconómicos que suelen describirse gustosamente con el término globalización, hay ganadores y perdedores. En casi todos los países de la OCDE, estos procesos han introducido crecientes desigualdades en los ingresos. En el mejor de los casos, estas desigualdades significan que los ingresos de los grupos más desfavorecidos se mantienen invariables, mientras que los de los grupos más favorecidos aumentan considerablemente; en el peor de los casos, las líneas de evolución no sólo son divergentes: en el 10%, y hasta en el 20% de los casos, las rentas más bajas y las más altas evolucionan en sentido contrario. Mientras que los ricos se hacen (mucho) más ricos, los pobres se hacen más pobres. ¿Es sostenible esta situación?, ¿no es acaso una fuente de conflictos, una amenaza para la libertad?

Conflicto y libertad

Bien mirado, aquí tenemos dos preguntas distintas. Una es: ¿podemos admitir esta nueva desigualdad? La otra: ¿se convertirá la nueva desigualdad en fuente de nuevos conflictos? Estas dos preguntas no son tan fáciles como algunos creen. Demasiado a menudo se dan datos sobre la desigualdad confiando en que esto provoque una especie de «efecto *voilà*»: ¡ya veis qué mal están las cosas, esto no puede seguir así! Quien espere de mí algo parecido, se llevará una decepción. La política de la libertad que aquí defiendo exige mucho más que una conmoción producto de la incomodidad de los datos.

Empezaremos por la desigualdad, y concretamente por los más ricos: el *Sunday Times*, cuya lista británica ya he citado, también publica una lista de los que más dinero ganan en el continente. He aquí los doce primeros multimillonarios del año 2000: Giorgio Armani, Michael Schumacher, Julio Iglesias, Luciano Pavarotti, José Carreras, Plácido Domingo, Rik Smits, Martina Hingis, Thomas Gottschalk, Ralf Schumacher, Anna Kournikova y Claudia Schiffer. ¿Qué podemos decir al respecto? ¿Acaso nos resulta insoportable su fortuna? Yo pienso que no. ¿Debería impedírseles ganar tanto dinero? Supongo que todos ellos pagan sus impuestos. ¿Hay algo más que objetarles? Ciertamente, podemos preguntarnos si una sociedad que tiene como puntos de referencia a los queridos tenores, a los jóvenes deportistas o los jóvenes veloces es el ideal de una buena sociedad, pero ¿quién puede erigirse en juez?

En cierto modo, los multimillonarios del *establishment* (la familia real británica, los zares de los medios, los viejos banqueros) plantean cuestiones difíciles, pues su riqueza introduce relaciones de dependencia que se sustraen a los controles democráticos. Así pues, mi tesis fundamental sobre la desigualdad es la siguiente: las desigualdades son tolerables siempre y cuando no pongan a los ganadores en condiciones de impedir a los demás participar plenamente en la vida de la sociedad o, en el caso de la pobreza, siempre y cuando tales desigualdades no impidan a los hombres hacer uso de sus derechos como ciudadanos. Esto deja mucho margen para las diferencias de nivel de bienestar, pero ninguno para el zar mediático convertido en primer ministro ni para la exclusión social a causa de la pobreza.

Pero ésta es todavía una conclusión demasiado sencilla, y además no es fundamental para la siguiente argumentación. ¿Qué ocurre con los nuevos conflictos desencadenados por la desigualdad? Todavía son muchos los que piensan que la creciente desigualdad puede e incluso debe conducir a que los pobres se rebelen contra los ricos. En ese momento volverán a repetirse los grandes conflictos, las luchas de clases de los siglos xix y xx. Si este proceso no culmina con la revolución, culminará con el gran reparto.

Por más plausible que pueda parecer esta idea a primera vista, lo cierto es que se apoya en varias suposiciones falsas. La lucha de clases del pasado no enfrentó a los más pobres contra los más ricos, sino a los trabajadores imprescindibles para la creación de riqueza contra los principales beneficiarios de ésta. Por otra parte, esta lucha no fue más violenta cuando la pobreza fue mayor, sino cuando las cosas empezaron a mejorar. Además, no condujo a la revolución, sino a una progresiva mejora de las condiciones de vida de los más desfavorecidos. Al final, la lucha de clases perdió su base, a saber, el encarnizado enfrentamiento entre las clases. En la conferencia anterior he descrito el paso de la fatal imbricación de trabajo asalariado y capital a un orden socioeconómico en el que el capital es capaz de reproducirse sin necesidad del trabajo asalariado.

Estos conflictos pertenecen al pasado. Fueron el mayor desafío al que tuvo que enfrentarse el orden de la libertad, especialmente la democracia parlamentaria. Allí donde ésta estaba lo suficientemente consolidada, ni siquiera la gran crisis económica de 1929 pudo detener el proceso de distribución de la riqueza. Con la ayuda de John Maynard Keynes, o del presidente Roosevelt en Estados Unidos, incluso lo aceleró. Pero, como he dicho, esto ya es historia. La pregunta es si hay una nueva lucha de clases o la habrá en el futuro. Y la otra pregunta es si el orden liberal es capaz de encauzar los conflictos desencadenados y hacerlos fructíferos. Esto es, por una parte, un tema de fuerzas sociales (de las que trata esta conferencia), y por otra un tema de instituciones políticas (de las que me ocuparé en la próxima).

LA CLASE INFERIOR Y LA ESPERANZA

Siempre que hoy se habla de pobreza, surge inmediatamente un concepto que durante un tiempo estuvo de moda, el concepto de clase inferior. Este concepto se refiere a los que están peor situados en los países de la OCDE, esto es, a ese 5% o 10% de personas que viven en la pobreza. William Julius Wilson, el sociólogo norteamericano que introdujo este término, también ha acabado desechándolo.[6] Estos individuos no forman una clase, es decir, una fuerza social capaz de organizarse,

6. William Julius Wilson, *The Truly Disadvantaged. The Inner City, the Underclass, and Public Policy*, Chicago y Londres, University of Chicago Press, 1987. Sobre la historia del concepto «clase inferior», véase también mi libro *Der moderne soziale Konflikt. Essay zur Politik der Feiheit*, Stuttgart, Deutsche Verlags-Anstalt, 1992, págs. 221-228 (trad. cast.: *El conflicto social moderno: encargo sobre la política de la libertad*, Barcelona, Grijalbo Mondadori, 1994).

sino una multitud sin un perfil y una estructura claros. Wilson habla ahora de los *truly disadvantaged*, de los «verdaderamente desfavorecidos». Otros, sobre todo en Gran Bretaña, ponen el énfasis en la ya mencionada «exclusión social», es decir, en la escasa e incluso nula participación en la vida de la sociedad.

No es fácil definir de forma más precisa este concepto de exclusión social. El citado estudio británico sobre la pobreza distingue cuatro formas de exclusión social: «Empobrecimiento o falta de unos ingresos adecuados y de lo necesario para vivir; exclusión del mercado laboral; exclusión de los servicios sociales; y exclusión de las relaciones sociales».[7] No obstante, esta definición deja algunas preguntas sin contestar: ¿son también excluidos de la sociedad aquellos parados que piden que se les transfiera a Mallorca su subsidio de desempleo?, ¿son excluidos de la sociedad los millones de norteamericanos que carecen de seguro de enfermedad? En cualquier caso, lo cierto es que actualmente en los países de la OCDE no sólo hay un número considerable de perdedores, sino también de gente perdida, de personas que no creen que los supermercados, las elecciones políticas, las iniciativas ciudadanas o los días festivos son también para ellas. Ciertamente, estas personas viven en la sociedad, pero no son parte de ella.

Sin duda alguna, estas personas, probablemente un 10% del total, representan un problema social. Ninguna sociedad puede permitirse negar sus oportunidades al 10% de sus ciudadanos sin sufrir daños morales. Éste es el *quid* de la cuestión. La clase inferior no representa una amenaza económica; las actividades que

7. Véase nota n° 5.

sus miembros podrían realizar en beneficio del conjunto de la sociedad no existen. La clase inferior tampoco representa una amenaza física directa, en el sentido de que sus miembros pudiesen organizarse y tomar el *Reichstag* o el Parlamento de Westminster. La clase inferior constituye más bien una denuncia moral de los otros, de los ganadores. (Por otra parte, esto también es válido para los más pobres de los países pobres del mundo.) Si queremos vivir en sociedades civilizadas, debemos hacer todo cuanto esté en nuestras manos para devolver a los excluidos al mundo de oportunidades de la vida social.

Independientemente de cuál haya sido el motivo que ha llevado a W. J. Wilson a desechar el concepto de clase inferior, hay una buena razón para hacerlo: no estamos ante una clase social en sentido estricto. Las clases son grupos sociales que son capaces de organizarse para defender sus intereses y que por lo general así lo hacen. Los excluidos de la sociedad, en cambio, se asemejan a los parados de Marienthal que Paul Lazarsfeld y Marie Jahoda describieron brillantemente en un estudio temprano:[8] estos parados son gente apática, viven su situación como un destino, pero no como un destino colectivo, sino individual, por lo que consideran que deben enfrentarse a él individualmente, por ejemplo ganando la lotería, y no de forma colectiva.

Pero todavía hay otra razón por la que no es posible hablar de una clase desfavorecida y oprimida: es-

8. Paul Felix Lazarsfeld y Marie Jahoda, *Die Arbeitslosen von Marienthal*, Francfort del Meno, Suhrkamp, 1975 (trad. cast.: *Los parados de Marienthal: sociografía de una comunidad golpeada por el desempleo*, Madrid, Endymion, 1996).

tas personas carecen de esperanza, no confían en tener éxito. He hablado a propósito de lotería, con la que sueñan muchos excluidos. A ellos sólo podría ayudarles un fabuloso golpe de suerte, una especie de intervención divina, pero nada que ellos mismos puedan emprender confiando en tener éxito. Aquí estriba la diferencia fundamental con respecto a la vieja lucha de clases: las reivindicaciones del movimiento obrero tenían unas expectativas de éxito. El movimiento de los trabajadores sufrió retrocesos y derrotas, pero también comprobó que la reducción de la semana laboral de sesenta y cuatro a cuarenta y ocho horas o el paso del sufragio restringido al sufragio universal no eran algo completamente imposible de lograr. La extrema pobreza, la exclusión más completa, significa también apatía; el conflicto social sólo comienza cuando existe un rayo de esperanza.

Conflicto después de la lucha de clases

Ahora bien, la exclusión social de la clase inferior no es la única prueba de que las nuevas fuerzas productivas de la globalización engendran nuevos perdedores. El número de ganadores, a los que a menudo me he referido como la clase global, es relativamente pequeño; esta clase no es mucho más numerosa que la clase situada en el extremo inferior de la escala del éxito. Como también he dicho, alrededor de los ganadores hay todo un tropel de ayudantes y de gente que vive de ellos, desde técnicos informáticos hasta personal de servicio, pasando por el personal de seguridad privada, el capitán del yate de lujo y el administrador del palacete de vacaciones situado en algún hermoso lugar del mundo. Si sumamos todas estas personas, el número de ganadores o de beneficiarios de la globalización es bastante elevado. Pero aún más numerosos que ellos son los que, pese a llevar una vida bastante soportable, apenas han podido aprovechar las oportunidades de bienestar ligadas a la globalización. En cierto sentido, los que verdaderamente se han quedado en el camino son éstos. Y en principio podrían convertirse en el motor del cambio, en la clase impulsora de la transformación.

Pero el caso es que no lo son. Hasta el momento no hay signos claros de la existencia de una organización que integre a quienes se han quedado a mitad de camino en esta carrera global. Tal vez debería decir: no hay signos claros de la existencia de una organización estable y con unos objetivos a largo plazo. En cierto modo, la «gente de Seattle», los llamados «contrarios a la globalización», son perdedores que se organizan ante determinadas situaciones, o más exactamente, no ganadores. Por más peso que puedan tener en Internet, sus actividades permanecen ligadas a situaciones muy concretas, son siempre acciones puntuales, en el fondo carecen de unos intereses bien definidos y sus objetivos dependen siempre de intereses circunstanciales.

Así pues, potencialmente el conflicto está ahí; pero no encuentra expresión en un gran movimiento contra el poder global. ¿Cómo podríamos describir este movimiento? ¿Como un movimiento local? ¿Como un movimiento nacional? ¿Como un movimiento social? Ciertamente, existen unos cuantos elementos que recuerdan a dudosos movimientos del siglo pasado. Vale la pena releer el libro de Fritz Stern *Kulturpessimismus als politische Gefahr*.[9] En este libro, Stern muestra la línea que conduce desde *Das Dritte Reich*, la romántica visión de Moeller van den Bruck, hasta su mucho menos romántica encarnación en el Tercer Reich. En la situación que aquí hemos descrito está latente el peligro del fascismo.

Pero hay otros fenómenos mucho más manifiestos; especialmente importante es uno de ellos, que llamaré la individualización del conflicto. Cuando oímos hablar de conflictos sociales, solemos pensar inmediatamente en sindicatos y en partidos de izquierdas. Pese a esta costumbre, la verdad es que estas organizaciones sólo entran en escena cuando hay muchos individuos a los que, por las mismas razones, les es imposible satisfacer por sí mismos sus deseos. Ciertamente, ante la imposibilidad de ver colmadas nuestras esperanzas la primera reacción no es fundar una organización, sino hacer algo por nuestra cuenta. Las sociedades abiertas nos ofrecen todo tipo de posibilidades y toda clase de estímulos para lograr este objetivo; las oportunidades son su esencia y su aprovechamiento su realidad cotidiana.

Esto suena optimista, y así debe ser, pero no es más que una parte de la realidad. La movilidad social del individuo, el ascenso social, es una forma de encauzar el conflicto social. Así lo subrayó Werner Sombart en un breve escrito con el elocuente título: *Warum gibt es in den Vereinigten Staaten keinen Sozialismus?* [¿Por qué

9. Fritz Stern, *Kulturpessimismus als politische Gefahr. Eine Analyse nationaler Ideologie in Deutschland*, Múnich, Deutscher Taschenbuch Verlag, 1986.

no existe el socialismo en Estados Unidos?].[10] Su respuesta fue: porque éste es el país de las «oportunidades ilimitadas», de las «fronteras abiertas», es decir, un país que ofrece a todos la oportunidad de mejorar su suerte. No entraremos a discutir si esto fue siempre así y si también lo fue para todos, incluidas las mujeres; lo cierto es que ésta era la ideología dominante, y fue ella la que hizo que los hombres confiasen más en sus propias manos que en la multitud de puños levantados del movimiento obrero organizado.

Sin duda, en muchos países de la OCDE impera una variante de esta actitud. Podríamos dar numerosos ejemplos; basta con recordar la lista de los más ricos que he citado anteriormente. Tiempo atrás visité un centro para jóvenes situado en un barrio pobre de Sunderland, en el noreste de Inglaterra. El centro tenía todo tipo de talleres, en los que algunos aprendían o practicaban un oficio. Pero el lugar más visitado era el estudio de grabación de música pop, que permanecía abierto las veinticuatro horas del día y siempre estaba ocupado. Los jóvenes hablaban emocionados de un grupo que había grabado su primer CD en ese estudio, y soñaban con la fama y el dinero de las estrellas del pop.

Pero hay otra forma de hacer dinero rápido, aunque no fama rápida. La individualización del conflicto, del conflicto social sin clases, tiene otra cara mucho menos agradable. Hablo de la delincuencia. Este tema ya ha aparecido dos veces en estas conferencias. El mundo desbocado es un mundo sin ligaduras, sin vínculos ca-

10. Werner Sombart, *Warum gibt es in den Vereinigten Staaten keinen Sozialismus*, Darmstadt, Wissenschaftliche Buchgesellschaft, 1969.

paces de contener a los individuos, de ahí que la ley y el orden se conviertan en un problema. La desfalleciente sociedad del trabajo cierra sus puertas a muchas personas, especialmente a hombres jóvenes; éstos no encuentran ninguna actividad que pueda dar sentido a sus vidas. Estas condiciones son extremadamente favorables para un modo de vida al margen e incluso fuera de la ley y del orden. La delincuencia es una de las formas de individualización del conflicto social.

Pero esta esfera abarca muchas más cosas de las que sugiere el simple término «delincuencia». La pequeña delincuencia (robos de carteras, de bolsos, robos en coches y en casas) suele ser un trastorno para quienes la sufren, pero a los malhechores sólo les permite llevar una vida modesta. Por eso conduce con bastante frecuencia a la formación de bandas (*gangs*), y de este modo a acciones más ambiciosas, como por ejemplo robar un banco. Aquí surgen inmediatamente dos palabras que son decisivas para describir las formas de manifestación del conflicto en nuestros días: drogas y mafia. La economía de la droga se ha convertido en una economía mundial paralela que cuenta con ramificaciones en todas las ciudades pequeñas. En el seno de la economía de la droga, pero también más allá de ella, se ha formado una clase global paralela, la de los mafiosos de distintos países. No se trata de una clase global homogénea, ni menos aún de una clase perfectamente organizada; muy al contrario, las sangrientas disputas por esferas de influencia entre grupos mafiosos son lo más habitual. Lo único que estos grupos tienen en común es su capacidad para sustituir el poder estatal, es decir, legítimo, por el poder privado y para convertirlo en una fuente de ingresos.

Drogas y mafia guardan cierta relación con otras dos formas de manifestación del conflicto sin clases. Una de ellas es el *opting out*, es decir, la lucha contra la sociedad existente a través de su negación. Al individuo, el consumo de drogas le permite salir, al menos mentalmente, de una sociedad que no le gusta. Es la versión más inofensiva del *opting out*: el individuo abandona la sociedad por un tiempo, durante un par de horas, aunque el consumo habitual pone en peligro la vida. Mucho menos inofensivo es el *opting out* organizado, especialmente mediante la pertenencia a organizaciones de carácter sectario, a «instituciones totalitarias». Inmediatamente nos viene al pensamiento Jonestown, es decir, el suicidio colectivo de los novecientos seguidores del autoproclamado pastor Jones, en Guyana.

De aquí al segundo fenómeno que hemos de mencionar en este contexto, el terrorismo, hay sólo un paso. Me refiero fundamentalmente al terrorismo basado en el martirio. Así como Andreas Baader y Ulrike Meinhof no podían esperar derrocar el gobierno de la República Federal de Alemania, Osama bin Laden tampoco podía esperar derribar el gobierno de Estados Unidos. Pero tanto los primeros como este último han logrado excitar la imaginación de quienes están radicalmente «en contra», de aquellos que se sienten tan poco vinculados a su medio que están dispuestos a dar la vida por el único vínculo que tienen, la organización a la que pertenecen.

La historia de Richard Reid, conocido como «el hombre de los zapatos bomba», es un claro ejemplo de este fenómeno. Nacido al sur de Londres, hijo de madre inglesa y de padre jamaicano, antes de terminar el colegio Reid ya había caído en la pequeña delincuencia.

Tras varias amonestaciones, fue encarcelado por robo. En la cárcel fue ayudado por un grupo de musulmanes; los musulmanes están entre los pocos que ayudan a los presos a «reintegrarse en la sociedad». Poco tiempo después de salir de la cárcel, Reid ya se había convertido a la religión musulmana y era una persona muy apreciada en la mezquita en Brixton. Posteriormente, sus correligionarios empezaron a notar que sus posiciones eran cada vez más radicales. Reid los exhortaba a actuar con contundencia contra los poderes establecidos. Un buen día, Reid desapareció; hoy sabemos que miembros de Al Qaeda le ayudaron a viajar a Oriente Próximo. Y después llegó el día en que fue detenido justo a tiempo en un avión de American Airlines: Reid llevaba explosivos listos para ser detonados en sus zapatos; los pasajeros lo ataron, y finalmente la policía norteamericana lo detuvo en Boston. La historia de Reid contiene todos los ingredientes: el medio social desfavorecido, la juventud de las clases inferiores, la pequeña y después la gran delincuencia, la comunidad religiosa al margen de la sociedad, el fanatismo y la opción final por el terrorismo.

Después del 11 de septiembre de 2001, los que habían declarado la guerra al terrorismo comprendieron que ésta iba a ser una lucha larga y difícil. Aquí ya no hay un enemigo claramente identificable que despliegue sus tropas o movilice su defensa antiaérea. El conflicto es más bien difuso y por ende omnipresente. En cierto modo, éste es el rasgo fundamental del conflicto social moderno en general. ¡Cuán simple era la lucha de clases comparada con las formas individualizadas, impredecibles e invisibles de oposición contra los poderes establecidos en el mundo globalizado! El enfrentamiento de sindicatos y asociaciones empresariales en relación con los convenios colectivos, la lucha parlamentaria entre partidos progresistas y conservadores, todo esto es idílico al lado del terrorismo, del poder de las mafias, de la pequeña y la gran delincuencia.

EL TERCER MUNDO

Esta conferencia trata fundamentalmente de los países de la OCDE y de sus problemas. Pero éstos están tan relacionados con los conflictos internacionales existentes que creo que éste es el lugar apropiado para introducir un par de observaciones al respecto. No sólo en los países desarrollados hay perdedores; existen regiones, e incluso naciones enteras, a las que cabe aplicar perfectamente este concepto. Además, en el ámbito internacional también es válida la afirmación de que, durante las últimas décadas, las tijeras de la desigualdad se han abierto cada vez más; las diferencias de nivel de bienestar son cada vez mayores, no menores. Ciertamente, el Segundo Mundo, el de los países comunistas, está desapareciendo poco a poco, pero el Tercer Mundo sigue estando ahí, y si pensamos en el África subsahariana, también podemos decir que existe algo así como un Cuarto Mundo de la esperanza perdida.

Al mismo tiempo, los símbolos del Primer Mundo —muchos dirían: de Estados Unidos— se han extendido por todo el globo terráqueo, y con ellos la esperanza de disfrutar de ellos en todas partes. Osama bin Laden da sus órdenes sirviéndose de sofisticadas cámaras de vídeo; Tanzania compra un avanzado sistema de radar militar para sus treinta aviones; hay McDonalds en todos los rincones del mundo. Por el momento, esto no son más que islas de riqueza en el mar de la pobreza; pero los hombres que las ven, las quieren también para ellos, y las quieren ahora, o en cualquier caso pronto, en un futuro inmediato. Pero esto no es posible, o sólo lo es a través de *windfalls*, de esos golpes de suerte que son los premios de la lotería, en los que los pobres de todo el mundo depositan sus esperanzas.

Los grandes temas del desarrollo y de la libertad exigen un análisis propio que aquí no podemos realizar. El desarrollo en libertad requiere tiempo, mucho tiempo, y sobre todo paciencia. Los hombres han de estar dispuestos a diferir la satisfacción de sus deseos más íntimos y empezar a ahorrar y trabajar. Pero esta actitud no tiene nada que ver con los valores imperantes en el mundo posmoderno, que por el contrario dan primacía al ahora. Lo hemos visto en el ejemplo de los más ricos: las estrellas del deporte y de la música pop sólo están entre los más ricos mientras dura su efímera fama; en el plazo de diez años habrán sido olvidadas, y probablemente sus falsos y avariciosos consejeros las habrán dejado en la miseria.

Pero la lotería también toca. Los Estados del golfo Pérsico y su petróleo son el ejemplo más claro a nivel internacional. Kuwait tiene la renta *per cápita* más elevada del mundo, aunque hasta ahora esto sólo ha beneficiado a unos pocos kuwaitíes. Hoy, quien no tiene petróleo lo intenta con la droga. Colombia y Myanmar, y probablemente también Afganistán, tienen en el negocio de la droga su principal fuente de ingresos. En esto los Estados no se diferencian demasiado de los individuos, y poner remedio a esta situación es igual de difícil en ambos casos.

Allí donde no es posible enriquecerse rápidamente con el negocio de la droga, la globalización ha encontrado otra forma de solucionar los conflictos latentes: la emigración. ¿Por qué ahorrar y trabajar en el país de origen durante dos generaciones, si en pocos días (tal vez) se puede obtener lo mismo en Vancouver o en Londres? Y si no es posible ni en Vancouver ni en Londres, siempre quedarán Shangai y Varsovia. La emigración es el equivalente mundial de la movilidad social en el seno de la sociedad. Soluciona conflictos en el país de origen y crea nuevos conflictos en los países de acogida.

Es posible seguir estableciendo paralelismos entre conflictos internos y conflictos externos. Hoy el *opting out* en la comunidad internacional es una excepción; Corea del Norte se ha quedado prácticamente sola. Pero está esa forma posmoderna de guerra que es el terrorismo. En ningún lugar es tan manifiesta la confrontación entre los viejos y los nuevos conflictos como en Oriente Próximo: Israel ha alcanzado su bienestar por la vía clásica, ciertamente ha contado con ayuda extranjera, pero su bienestar es el resultado de la predisposición de sus ciudadanos a aprender y a ponerse manos a la obra. Los palestinos, en cambio, se han mantenido siempre a la espera. Algunos de ellos han alcanzado cierto bienestar en Israel, pero la inmensa mayoría están entre los perdedores del mundo. A diferencia de 1948, cuando estaba en juego la supervivencia de Israel, y de 1967, cuando la búsqueda de una solución territorial duradera provocó el enfrentamiento, la segunda Intifada se ha convertido en una especie de guerra de lugartenientes que documenta sangrientamente la problemática que aquí hemos esbozado: Israel representa a los ganadores, sobre todo a Estados Unidos, los palestinos a los perdedores, sobre todo a los musulmanes de todo el mundo; de un lado, un ejército disciplinado y un Estado democrático; de otro, terroristas suicidas y un poder personal corrupto. Ante semejante conflicto, no podemos menos de admirar a quienes todavía tienen el valor de negociar una solución duradera.

La *longue durée*

Y sin embargo aquí me interesan las soluciones, y concretamente las soluciones liberales. Por lo que se refiere a Oriente Próximo, confío sobre todo en las soluciones que vienen de abajo, de los hombres que están condenados a vivir juntos. Existen organizaciones que defienden activamente los derechos de los israelíes judíos y árabes, como el «New Israel Fund», y otras que luchan por los derechos de israelíes y palestinos, como la «Physicians for Human Rights». Estas dos organizaciones son verdaderamente ejemplares. El próximo paso es crear proyectos comunes, como los que impulsan desde hace muchos años Simón Peres y el príncipe heredero Hassan. Especialmente urgente es la colaboración en materia de sistemas de riego y de abastecimiento de agua en general. Así pues, las soluciones no vienen solamente de arriba, de los hombres de Estado, aunque las armas han de callar para que sea posible una solución.

Pero volvamos a los países de la OCDE y a las grandes cuestiones de la desigualdad y de sus consecuencias para los nuevos conflictos sociales. En lo que respecta a la cuestión de la desigualdad, los principios de una política de la libertad son muy sencillos: la desigualdad sólo puede tolerarse, sólo puede ser considerada como un factor que contribuye al aumento de oportunidades, si está garantizado un nivel básico para todos y si nadie está en condiciones de utilizar su riqueza para privar a los demás de la oportunidad de participar en la vida de la sociedad. Sin embargo, en la práctica estos principios han de concretarse. Por una parte, hay que definir este «nivel básico», una tarea a la que la discusión sobre el derecho de todo ciudadano a unos ingresos básicos ha contribuido considerablemente. Por otra parte, la desigualdad no es única y exclusivamente un tema de impuestos; lo que hay que replantear es la relación entre el poder económico y el poder político, es decir, la cuestión de la separación de las esferas que determinan las oportunidades de los individuos.

En lo que respecta a la segunda cuestión, en el futuro la canalización institucional de los conflictos ya no bastará. Con ella ya no podremos hacer frente a conflictos puntuales, impredecibles y que en algunos casos desembocan en el terrorismo. Ni las instituciones parlamentarias ni las mesas redondas nos dan tampoco soluciones. O al menos no siempre y de forma definitiva. Lo que realmente necesitamos es establecer unas reglas que todos estén obligados a cumplir, unas normas jurídicas, *the rule of law*. Esto es válido tanto a escala internacional como en el plano nacional; pero aquí estamos hablando fundamentalmente del Estado de derecho.

La lectura de la última frase del primer volumen de *La sociedad abierta y sus enemigos*,* de Karl Popper, siempre me ha producido cierto malestar. Según Popper, en nuestra marcha hacia lo incierto hemos de aprovechar los medios que la razón pone a nuestra disposición para

* Barcelona, Paidós, 1981.

«to plan for both security *and* freedom». Una de las traducciones alemanas me lo pone aún peor, pues según ésta hemos de garantizarnos «no sólo la seguridad, sino también la libertad». Estoy convencido de que lo que más le importaba a Popper era la libertad, pero que a alguien que sufrió la persecución de los nazis y tuvo que emigrar a Nueva Zelanda en medio de la guerra también le preocupaba la seguridad, la seguridad exterior, la seguridad interior y hasta cierto punto la seguridad social.

Hoy comprendo mejor la formulación «seguridad *y* libertad». No obstante, yo añadiría (sobre todo pensando en la seguridad interior) lo siguiente: seguridad *en* libertad. Las normas jurídicas, que son la condición indispensable para que podamos vivir en libertad, no pueden atentar contra la libertad. Hay que buscar un equilibrio. Toda ley es una limitación de la libertad. El problema surge cuando estas limitaciones atentan contra la base institucional de nuestra libertad. ¿Prisión preventiva? ¿Publicación de la vida privada de todos? ¿Examen judicial de todos los actos administrativos? No hay una fórmula que nos permita responder a estas preguntas, pero han de ser objeto de una discusión pública y rigurosa. Ésta es una de las tareas más importantes de los parlamentos, una de sus múltiples tareas pendientes, me atrevería a decir, dada la falta de vigor que muestran en el ejercicio de la mayoría de sus funciones.

Estas alusiones a principios fundamentales nos devuelven al gran problema de la libertad ante las nuevas desigualdades y las nuevas formas de expresión de los conflictos sociales. Ante el problema de la ley y del orden, una de mis recomendaciones era construir instituciones. Dicho de forma aún más general: necesitamos reforzar el sentido de la perdurabilidad de nuestra acción. He hablado irónicamente de las multimillonarias estrellas del pop y he planteado la cuestión de si la clase global es una fuerza social duradera. Posteriormente, y no sin cierta inquietud, me he referido al carácter puntual de las protestas contra la globalización. Los ataques del 11 de septiembre son precisamente eso: los ataques del 11 de septiembre, un acontecimiento sin igual, por más que después de él vengan nuevos ataques. La misma expresión «gente de Seattle» exagera la perdurabilidad de las manifestaciones de los «antiglobalizadores». Es como si todos los conflictos de nuestro mundo, e incluso nuestros logros, fuesen algo totalmente transitorio, simples puntos en un mar de puntos carente de forma y estructura.

La gran pregunta es, pues, cómo podemos construir estructuras estables, perdurables, en este mundo inestable. Incluso las estructuras de los conflictos sociales son preferibles a la experiencia puntual. Necesitamos recuperar el valor de lo perdurable. Esto ha de entenderse con suma cautela. No todo lo que es viejo merece perdurar. Pero igual de falso es rechazar lo viejo simplemente porque es viejo. Que la gran literatura de nuestra cultura ha sido esencialmente el producto de «hombres blancos muertos», y que por lo tanto deberíamos olvidarla y prestar atención a la producida por «mujeres de color vivas» es una recomendación completamente absurda, aun cuando admitamos que no hay que confundir perdurabilidad y pretensiones tradicionales de dominación. Quien en pocos meses levante un pabellón y lo llame «catedral» no por eso habrá construido una catedral, y tal vez lo que necesitamos sea un par de catedrales nuevas. Esto no es una respuesta demasiado clara para una gran pregunta, pero tal vez nos dé alguna orientación. Hablamos con mucha naturalidad de la necesidad de preservar, de hacer perdurar nuestro entorno natural: pero también nuestro mundo social necesita perdurar, pues sólo así podrá progresar una libertad que sea más que un fin de semana de disfrute del tiempo libre.

5

LOS DESAFÍOS DEL ORDEN LIBERAL: DILEMAS DEMOCRÁTICOS

Democracia...

El modelo de la democracia parlamentaria es de una hermosa claridad. Dos grupos políticos se reúnen en una cámara. El uno, algo más numeroso, constituye el gobierno, el otro, más pequeño, representa la oposición. Detrás de ambos hay amplias capas sociales. Una de ellas está muy satisfecha con la situación existente, por lo que intenta conservarla adaptándose cuidadosamente a ella, mientras que la otra se esfuerza por cambiar las cosas y mejorar sus precarias condiciones de vida. De forma regular, y de acuerdo con unos plazos establecidos, se celebran elecciones populares. Éstas muestran que al margen de los grupos, entre las capas sociales se han producido ciertos desplazamientos: para algunos, el gobierno ha hecho demasiado o demasiado poco, por lo que dan su voto al otro grupo. De este modo, el grupo que hasta ahora representaba la oposición se cambia a la otra parte de la cámara y cede su lugar al que hasta entonces estaba en el gobierno. En el Parlamento de Westminster ocurre realmente así: el gobierno de turno se sienta a la derecha del *speaker* y la oposición a la izquierda.

Hasta aquí por lo que se refiere al modelo; sólo que la realidad ha sido siempre más compleja. O casi siempre: durante las últimas décadas, en el Parlamento de Malta las cosas han ocurrido exactamente como en el modelo, y los sucesivos gobiernos siempre han tenido mayoría en el Parlamento. Pero las cosas no suelen ser tan sencillas, ni siquiera en Westminster, donde hay tres, cuatro y hasta cinco partidos; algunos de ellos son pequeños, otros importantes, como los grupos norirlandeses, y al menos durante la primera mitad del siglo xx hubo escisiones y sobre todo coaliciones de partidos. Otras disposiciones institucionales varían la imagen, sobre todo si siguen el modelo estadounidense de la separación de poderes, de modo que a veces la *cohabitation* y sobre todo la confrontación entre el gobierno electo y el parlamento electo determinan la vida política.

Todavía más importante es el hecho de que en la Europa continental, como en muchas otras partes del mundo, las estructuras políticas no responden a una división de la sociedad en dos grupos homogéneos. Existen otras fuerzas que determinan el orden político. Puede tratarse de grupos confesionales; durante casi una década, el Centro católico fue decisivo para la República de Weimar. También puede tratarse de representaciones regionales; los catalanes hacen más compleja la imagen de la democracia española. Recientemente se han puesto de moda los llamados antipartidos, sobre todo en los países escandinavos y en Holanda. En el este y en el sudeste de Europa, algunos grupos sociales amenazados, como los pequeños agricultores o los restos de las viejas capas dirigentes, también se están organizando.

Estas complicaciones no son nada extrañas; siempre han estado ahí, restando claridad a la imagen de la democracia. Por eso siempre ha sido importante saber cuál es el objetivo de las instituciones que han encontrado tan clara expresión en países como Malta, y a veces en Westminster. A mi juicio, su objetivo es triple. *En primer lugar*, la democracia permite deshacerse de los gobiernos sin derramamiento de sangre, para decirlo con la plástica expresión de Popper.[1] Hace posible el cambio pacífico a través del relevo de los gobernantes. *En segundo lugar*, la democracia permite controlar permanentemente a los que están en el poder. Las leyes que éstos hacen son examinadas rigurosamente por el parlamento. Para todas y cada una de las acciones de los gobernantes hay un contrapeso (aunque sólo sea en forma de contraargumento), y a menudo también *checks and balances* asegurados institucionalmente. *En tercer lugar*, la democracia permite que los electores, los ciudadanos, introduzcan sus intereses y preferencias en la vida política. Esto sucede de forma directa en las elecciones, pero sobre todo de forma indirecta, a través de los debates de los representantes del pueblo. El parlamento representa al pueblo.

...Y ORDEN LIBERAL

En los países poscomunistas de Europa, los años que siguieron a la revolución de 1989 fueron una época de alianzas entre modelos. Los economistas viajaron a las capitales de estos países con la intención de implantar ese modelo de economía de mercado que algunos llaman el «consenso de Washington», es decir, el modelo de capitalismo representado por el Banco Mundial

---

1. Karl Popper, *Bemerkungen zu Theorie und Praxis des demokratischen Staates*, Múnich, Bank Hofmann AG, 1988, pág. 13.

y el Fondo Monetario Internacional. A los economistas les siguieron los politólogos y los políticos, que se proponían adaptar las constituciones de estos países al «modelo Westminster». El resultado de estos intentos fue bastante decepcionante. Por una parte, la implantación del modelo capitalista produjo efectos no deseados y de muy difícil solución, como la corrupción y la formación de mafias. En el caso de la constitución política, por otra parte, la decepción fue general. Con el tiempo, muchos han entendido las razones de este fracaso. En los países en los que estos modelos funcionan más o menos bien se dan unas condiciones previas que ningún grupo de expertos puede crear de la noche a la mañana, pues son el fruto de muchos años de historia.

Aunque el orden económico no es el tema fundamental de esta conferencia, merece la pena hacer una advertencia. La economía de mercado y el orden democrático tienen unos rasgos en común. A estas dos formas de avanzar hacia lo incierto, para volver a emplear la expresión de Popper, les es consustancial la experimentación, por lo que no pueden confiarse ni a la planificación ni a dictadores «bien intencionados». Así pues, economía de mercado y orden democrático crecen en el mismo suelo. Pero son dos cosas distintas. Uno de los mayores errores de las nuevas democracias, el mismo que cometió la República de Weimar, es creer que la democracia conduce necesaria y automáticamente al bienestar económico. Esto no es realmente así. Cada uno de ellos plantea tareas distintas. Quien espere obtener ambas cosas a la vez puede acabar perdiendo las dos: ya que la economía no crece, abandonemos también la democracia. Esto recuerda a lo que sucedió en la República de Weimar tras la gran crisis económica, mientras que en los países en los que la democracia estaba más consolidada, como en Gran Bretaña y en Estados Unidos, las profundas recesiones económicas no provocaron ninguna crisis política.

Para poder cumplir satisfactoriamente sus tres objetivos, la democracia ha de estar anclada en un orden liberal. Ha de contar con toda una serie de instituciones y de competencias individuales. Podríamos hablar de civismo, de formación política o del tema que más preocupó a Theodor Heuss, el primer presidente de la República Federal de Alemania: la democracia necesita demócratas. La democracia es una forma de vida. En este punto, quisiera al menos mencionar dos condiciones fundamentales de la democracia, pues forman parte del núcleo más propio del orden liberal: la sociedad civil y el imperio de la ley.

En el alemán coloquial, estas dos condiciones arrastran un error de fatales consecuencias, a saber, su vinculación al Estado. La equivocidad de la palabra alemana «ciudadano» (*Bürger*), que significa tanto *bourgeois* como *citoyen*, hace que muchos prefieran hablar de Staats*bürger* (súbdito de un *Estado*), cuando de lo que se trata es precisamente del ciudadano más allá de todas las funciones estatales. La particular tradición jurídica alemana, en la que, si se me permite la expresión, al principio estuvo la administración del Estado y no una Carta Magna, ha sustituido el imperio de la ley (*rule of law*) por el *Estado* de derecho.

La sociedad civil es la sociedad de las asociaciones, de las agrupaciones libres de personas. Los hombres se unen espontáneamente en función de sus intereses y preferencias, algo que describe mejor el viejo término alemán *Genossenschaft* (unión) que las palabras «sociedad» o «comunidad». Los vínculos creados por las asociaciones constituyen el mundo de la vida; su existencia hace que el Estado, la política, no sea lo único realmente importante. Si la democracia carece de esa red que es la sociedad civil, o no tiene raigambre o se le exigen demasiadas cosas. Una de las condiciones fundamentales para que la democracia funcione es que los ciudadanos no lo esperen todo de ella. La democracia debe limitarse a procurar un marco de actuación fiable, permitiendo que la sociedad civil se desarrolle espontáneamente, del mismo modo que la sociedad civil ha de evitar apelar permanentemente a las leyes o a la financiación del Estado. Esto es una tarea difícil, especialmente en aquellos países en los que el Estado siempre estuvo ahí y las únicas asociaciones de ciudadanos que toleró fueron los cuerpos de funcionarios.

El imperio de la ley es otro de los presupuestos del orden liberal, y su complejidad no es menor que la de la sociedad civil. Como ésta, aquél tampoco es una consecuencia automática de la democracia. Estados Unidos fue durante muchas décadas una democracia en la que el imperio de la ley sólo conoció un desarrollo muy limitado, una situación de la que hoy todavía quedan algunos rastros. Por otra parte, Prusia conoció el Estado de derecho, y en cierto sentido también el imperio de la ley, mucho antes de la implantación de las instituciones democráticas. El orden liberal exige ambas cosas. En su gran obra *Los fundamentos de la libertad*, Friedrich von Hayek prestó especial atención al papel de la ley.[2] En el análisis que sigue a continuación, yo daré un paso más

2. F. A. von Hayek, *Die Verfassung der Freiheit*, Tubinga, J. C. B. Mohr (Paul Siebeck), 1971, capítulo XIII (trad. cast.: *Los fundamentos de la libertad*, Madrid, Unión, 1998).

y llegaré a la conclusión de que, allí donde la democracia falla, la *rule of law* representa una retaguardia absolutamente indispensable.

Pues, efectivamente, en los albores del siglo XXI no sólo ocurre que todas estas hermosas cosas de las que hemos hablado aquí ya no son absolutamente obvias, sino que además están amenazadas. A continuación hablaremos de aquellos procesos que han puesto en cuestión las instituciones democráticas y que, cuanto menos, constituyen un desafío para el orden liberal. A los oyentes de estas conferencias estos procesos les resultarán familiares; la mayoría de ellos han sido mencionados en conferencias anteriores. Pero ahora introducimos dos elementos nuevos: el primero es que se ha puesto en duda la posibilidad de mantener en pie la democracia y el orden de la libertad; el segundo, la necesidad de recurrir a los principios fundamentales del orden liberal.

LA FRAGMENTACIÓN DE LA LUCHA DE CLASES DEMOCRÁTICA

El primero de estos procesos que hemos de considerar es el desmoronamiento de las estructuras que, como dijo Theodor Geiger, sustentaron la lucha de clases democrática.[3] Detrás de la democracia clásica de los siglos XIX y XX estuvo la división de la sociedad en los grupos interesados en el mantenimiento del *statu quo* y en aquellos que deseaban su transformación. Conservado-

3. Theodor Geiger, *Die Klassengesellschaft als Schmelztiegel*, Colonia y Hagen, Verlag Gustav Kiepenheuer, 1949, págs. 182-195.

res y liberales, y posteriormente conservadores (incluidos viejos liberales) y socialistas se enfrentaron primero en la calle, después en el parlamento. Pero a medida que los reformistas lograron ver satisfechas sus reivindicaciones, la confrontación fue perdiendo fuerza. El siglo XIX fue el siglo de los liberales, que en el siglo XX se pasaron a otras formaciones; el siglo XX ha sido el siglo de los socialdemócratas, que finalmente se han integrado en un centro político en el que todos dicen estar.

Este proceso tuvo muchas consecuencias. Los partidos empezaron perdiendo a sus electores incondicionales y acabaron perdiendo al electorado en general. A mitad del siglo XX, más del 90% de los electores de muchos países todavía votaban a uno de los dos grupos políticos enfrentados; medio siglo después, ciertamente, todavía lo hace un 70%, pero ningún partido puede confiar ya en sus votos. La militancia de los grandes partidos se ha reducido considerablemente. El número de electores fluctuantes es cada vez mayor. Incluso en los viejos feudos, las mayorías cambian. El hecho de que los programas de los partidos apenas se diferencian ya los unos de los otros es parte de este mismo proceso. Todos buscan una «tercera vía», que se torna tanto más nebulosa cuanto más desaparecen las otras dos, pues sólo diferenciándose de ellas podría definirse a sí misma.

A este proceso de individualización se ha sumado otro: la política se ha ligado cada vez más a temas concretos y a situaciones puntuales. Ciertamente, algunos de estos temas, como el mantenimiento de la calidad de vida, son intemporales; pero a medida que despiertan el interés de más personas, salen de la sociedad civil y se colocan en el centro de la agenda política. Dada la inestabilidad de los partidos, la esperanza de vida de los partidos de un solo tema es bastante limitada; ninguna agrupación política quiere desaprovechar la oportunidad de obtener los votos que atrae este tipo de temas. La política se rige cada vez más por la situación.

Pero de este modo la elección de los políticos se convierte en una auténtica lotería. Aquello que preocupa a la gente en un momento dado puede decidir unas elecciones. También pueden ser determinantes razones más bien propias del ámbito del *show business*, como el atractivo de los candidatos (o lo contrario). Tendencias pasajeras relacionadas con la coyuntura o con las relaciones internacionales también pueden resultar decisivas. Sea como fuere, el caso es que el voto no parece darse con demasiado convencimiento. Una hora después de abandonar el colegio electoral, muchos ya lo habrían cambiado. Pero esos votantes no tienen por qué preocuparse. Los que salgan elegidos escucharán atentamente a los encuestadores, y algunos hasta se regirán por los sondeos de opinión, que estudian un grupo representativo de la población e informan a los gobernantes de lo que gusta y de lo que no gusta a la gente. En algunos países, son determinados medios de comunicación los que desempeñan esta función; en cualquier caso, no son los parlamentos los que asumen esta tarea.

A los gobernantes, naturalmente, todo esto no les pasa desapercibido; puede que hayan sido elegidos precisamente en virtud de su capacidad para percibir los cambios que se producen en la opinión pública. Todos los grandes jefes de gobierno de nuestros días descuidan sus funciones y se concentran en aumentar su popularidad. Algunos de ellos juegan con instituciones que elevan a rango de principio la mala costumbre. Las consultas populares y los plebiscitos están en boga. Los impuestos ya no son la expresión de un deber ciudadano, el parlamento ya no decide sobre su uso después de un debate riguroso, sino que este uso está determinado de antemano. Los impuestos sobre los combustibles se destinarán a la construcción de carreteras, los impuestos sobre la renta a la asistencia de las personas mayores, un automatismo que acaba haciendo innecesario todo debate.

Hay hombres que dominan a la perfección la nueva política. El presidente Clinton fue uno de ellos; el primer ministro Blair intenta emularlo. Otros ganan elecciones gracias a su dominio de esta política de situación, pero todavía no han demostrado que saben actuar correctamente. Entre ellos está el primer ministro Berlusconi, así como Bloomberg, el sucesor de Rudolph Giuliani en el cargo de alcalde de Nueva York. Las artes de estos nuevos poderosos sólo nos parecerán democráticas si antes difuminamos la línea que separa democracia y demagogia. Ciertamente, esta política de situación que recorre los parlamentos y los grandes debates puede cambiar, pero conoce tan pocos *checks and balances* fiables y es tan escasamente permeable a la voluntad popular que consigue que los electores se aparten cada vez más de los asuntos públicos. El populismo y la independencia del aparato de los partidos respecto de sus miembros definen el autoritarismo de la nueva clase dirigente.

OTRA VEZ: GLOCALIZACIÓN

Estos cambios sociopolíticos tienen lugar en un momento en que la democracia se enfrenta a otros desafíos. El más importante de ellos es la pérdida de importancia del Estado nacional, que hasta ahora había sido el espacio de acción del gobierno democrático. Esta gran cuestión presenta dos aspectos paradójicos: el traslado de las decisiones a espacios cada vez más lejanos, y en casos límite a espacios globales, y la simultánea retirada a unidades políticas que son ciertamente más pequeñas, pero para algunos también más íntimas, o al menos más coherentes que los Estados nacionales. Hemos llamado a esta doble tendencia glocalización. Sus dos aspectos plantean cuestiones sobre el futuro de la democracia que todavía no han encontrado una respuesta.

A primera vista, el segundo aspecto parece el menos problemático. Hasta podríamos decir que el lugar en el que uno reside, el pueblo o la ciudad, es la patria de la democracia. Ciertamente, en una localidad como Bonndorf (Selva Negra), que cuenta con 6.500 almas, en general la democracia funciona. Si la gente quiere que las cosas cambien, lo dice, y si no es así, dan al alcalde una reprimenda o, como ha sucedido en pueblos vecinos, le retiran el voto en las siguientes elecciones. Los *checks and balances* son continuos, están presentes en los ayuntamientos, en las asociaciones, en las reuniones, en las casas de huéspedes. Aquí quien manda es el pueblo, los ciudadanos, y aunque no todos abran la boca, se sabe perfectamente cuál es el sentir general de la población. A su modo, en este ámbito local los principios de la democracia se ponen constantemente en práctica.

Esto ya no está tan claro en el caso de Friburgo, la ciudad más próxima. Para empezar, las difíciles relaciones entre la Universidad, la industria y el modo de vida tradicional de la población ponen constantemente a prueba la democracia de la ciudad. Las autoridades han de tener mucha mano izquierda para mantener el diálogo entre los grupos y encauzar la acción. Friburgo ha sabido hacerlo. Pero si nos vamos a las grandes metrópolis mundiales, la democracia local lo tiene mucho más difícil. Yo luché durante muchos años en Londres por la elección directa de un alcalde. Pero cuando lo conseguimos, cuando entró en vigor la ley que hizo posible esta elección, en ese mismo momento empezaron las decepciones. La escasa participación de la población en las elecciones, que ascendió al 25%, fue ya un hecho lamentable. Hasta el día de hoy, los ciudadanos londinenses todavía no han visto los resultados de la labor de su alcalde, al que tanto agrandan los medios de comunicación. El caso de Giuliani, sin embargo, es muy distinto. Desde el comienzo de su mandato (con la «tolerancia cero» frente a la pequeña delincuencia) hasta el final del mismo (con la superación simbólica del trauma que supuso para la ciudad el ataque terrorista contra el World Trade Center), el alcalde de Nueva York ha realizado un trabajo admirable.

Así pues, en tanto que unidades reales de vida para sus habitantes, las ciudades pueden ser enclaves de una vida democrática. De hecho, la autonomía de la que gozan muchos municipios alemanes es uno de los pilares más fuertes de la democracia. Pero no podemos decir lo mismo de aquellas unidades más grandes para las que hoy se reivindica una autonomía. No podemos decir lo mismo de lo que llamaré «regiones», aun a riesgo de que los defensores de las regiones «nacionales» (como Escocia y Cataluña, Padania y Baviera) me pongan en la picota. Por otra parte, tampoco podemos decir lo mismo de la mayoría de los *länder* alemanes, si se me permite añadir sin que los interesados se me echen encima.

A diferencia del localismo, el nuevo regionalismo, que suele defenderse con pasión y no pocas veces con violencia, es siempre antidemocrático. O al menos no es el fruto de una voluntad de autodeterminación democrática, sino del deseo de homogeneidad étnica (lingüística, religiosa). Su principio fundamental es la delimitación: hacia fuera, frente a los vecinos «extranjeros»; hacia dentro, frente a las minorías «extranjeras». El regionalismo no está impulsado por un verdadero movimiento popular, sino por el activismo de demagogos y el interés de funcionarios. De ahí que, si el intento tiene éxito, los más beneficiados sean los activistas, no el pueblo. Entonces ya no se habla tanto de democracia; cuando por fin se es escocés o catalán, todo lo demás (los *checks and balances*, los cambios en la cúspide del poder y hasta la participación del pueblo) se considera ya secundario.

Esta forma de glocalización representada por la regionalización no sólo tiene consecuencias para la democracia, sino también para la convivencia pacífica. Puede desembocar en una nueva forma de «balcanización», hacer que regiones supuestamente homogéneas desde un punto de vista étnico aseguren sus fronteras exteriores y, en el interior, repriman a todos aquellos que no se ajusten a su imagen de pureza étnica. Aquí, las disputas de límites son prácticamente inevitables, y dado el carácter demagógico y no democrático de esta construcción, el uso de la violencia para la consecución de los fines es altamente probable.

Pero este canto a los Estados nacionales en tanto que patria de la democracia y hogar en el que puede desarrollarse el orden liberal requiere una aclaración. Estoy hablando de Estados fundamentalmente diversos, heterogéneos, y no de aquellos en los que el poder está en manos de un solo grupo étnico, de una sola nacionalidad. En este sentido, Estados Unidos y la India son modélicos. En ningún otro lugar del mundo hay tanta heterogeneidad como en estos países. Ciertamente, en muchas partes la democracia ha tenido que superar esa prueba posterior que representa la inmigración. Pero yo estoy hablando de las comunidades que no elevan a principio la homogeneidad, sino que ofrecen sus derechos civiles a los hombres de las más diversas procedencias y orientaciones. El orden liberal de estos Estados nacionales es uno de los grandes logros de nuestra civilización.

La democracia en Europa

Pero es innegable que, durante las últimas décadas, muchas decisiones importantes ya no se toman en el seno de los Estados nacionales, sino en espacios más grandes y normalmente más difusos. En el caso de los europeos, esto se ha traducido en el establecimiento de ese espacio aparentemente bien definido que hoy se llama Unión Europea. Este espacio debería demostrar que la democracia es posible más allá del Estado nacional. La democracia de la Unión Europea podría ser incluso el modelo para la construcción de la libertad en la época de la democratización. Pero esto no es así. Larry Siedentop comienza su gran libro sobre la democracia en Europa con esta afirmación: «La legitimidad democrática en Europa está en peligro».[4] Muchos europeos, añade Siedentop, tienen la impresión de que el proceso de unificación de Europa es más bien el resultado de poderosos intereses económicos o de las «maniobras de élites que eluden los controles democráticos».

De hecho, es innegable que ni los fines ni los medios de la unificación de Europa tienen demasiado que ver con la democracia. Las guerras en el continente impiden extender la libertad económica a todas partes, son un obstáculo para que Europa tenga voz en el concierto de las naciones; éstos podrán ser fines muy loables, pero en cualquier caso no conducen directamente a la democracia. Una estructura de decisión en la que una Comisión nombrada por los gobiernos tiene el monopolio de las propuestas y un Consejo de ministros nacionales (a menudo representados por embajadores y otros altos funcionarios) toma las decisiones está muy lejos de los principios fundamentales de la democracia que los países miembros predican a otros, incluidos aquellos que solicitan su ingreso en la Unión. En estas circunstancias, es difícil hacer caso omiso de un chiste como éste: si la UE saliese a la búsqueda de nuevos socios, habría que rechazar su ofrecimiento alegando su falta de democracia interna.

Ciertamente, hoy tenemos ya algo parecido a un Parlamento Europeo. Éste empezó siendo una «asam-

---

4. Larry Siedentop, *Demokratie in Europa*, Stuttgart, Klett-Cotta, 2002, pág. 7 (trad. cast.: *La democracia en Europa*, Madrid, Siglo XXI, 2001).

blea» en la que se reunían ocasionalmente diputados de distintos parlamentos nacionales y que no tenía más poder que, por ejemplo, la Asamblea Parlamentaria de la OTAN. Entre tanto, la UE se ha dotado de un parlamento permanente formado por diputados elegidos de forma directa, que tienen cierto poder de decisión en la mayoría de los ámbitos de la legislación europea. Pero esto es todo. El Parlamento no puede decidir sobre su sede, no tiene poder de decisión en materia de impuestos, por lo que tampoco lo tiene sobre su presupuesto, y aunque puede disolver *en bloc* a la Comisión (que por otra parte no es ningún gobierno), no puede evitar que ésta sea de nuevo constituida por los gobiernos nacionales.

El Parlamento Europeo no merece este nombre. Sus funciones son extraordinariamente limitadas, la mayoría de las competencias están en manos de los gobiernos nacionales. Pero lo más importante es que resulta imposible ocultar las dudas sobre su legitimación democrática. No es ninguna casualidad que más de cincuenta diputados no aparezcan nunca por el Parlamento, y otros muchos casi nunca; no es ninguna casualidad que, en las elecciones europeas, en muchos países miembros vote menos del 50% de la población, y en algunos sólo el 25%. El pueblo europeo todavía no existe, y sin él la democracia carece de base. Instituciones democráticas sin *demos* no merecen tal nombre, y Europa no tiene «ningún pueblo europeo, ninguna lengua europea, ninguna opinión pública europea, ningún criterio de atribución de competencias estatales reconocido por todos como un criterio vinculante». Otra vez Larry Siedentop.[5] Y como hay quien piensa que tal vez esto «no exis-

---

5. *Ibid.*, pág. 198.

ta aún», pero que existirá en un futuro próximo, por ejemplo a partir de las propuestas de una «Constitución» Europea realizadas por la Convención, añadiré esta otra observación de Siedentop: «Paradójicamente, pese a la nueva retórica europeísta, Europa nunca ha estado tan profundamente dividida en culturas nacionales como lo está hoy».

Si bien es verdad que el punto de vista de Siedentop es crítico, no es antieuropeo. Por eso estaría de acuerdo con europeístas más convencidos que él, como por ejemplo Yves Mény, presidente de la Universidad Europea en Florencia, en que existen suficientes mecanismos de control para las decisiones europeas.[6] La UE es una comunidad de derecho en la que el Tribunal Europeo cumple un papel fundamental. El Tribunal de Cuentas de la UE es cada vez más importante. Las discusiones del Consejo de ministros también contienen elementos de control, pues los miembros del Consejo son responsables ante sus parlamentos nacionales. Como la democracia ideal no existe, la UE no ha hecho sino añadir una nueva variante a las formas de democracia existentes, y en concreto una que prevé más *checks and balances* que la mayoría de las constituciones nacionales.

Probablemente, ésta es una forma demasiado francesa de ver las cosas. Como hemos podido comprobar, el control de las decisiones es tan sólo uno de los tres elementos de la democracia. Mucho más difícil de encontrar a nivel europeo es otro de sus elementos, el cambio pacífico a través del relevo de los gobernantes.

6. Yves Mény y otros (comps.), *Adjusting to Europe. The Impact of the European Union on National Institutions and Policies*, Londres y Nueva York, Routledge, 1996.

Desde la constitución de la Comunidad Europea del Carbón y del Acero en 1950, la Comisión ha sido disuelta en una única ocasión, y sólo a medias. Y en cuanto a la forma de integrar la opinión popular en el proceso de decisión europeo, ésta es una cuestión para la que todavía no se ha encontrado una respuesta, a menos que supongamos que las elecciones nacionales se deciden teniendo en cuenta la actuación en Europa de quienes las ganan. La Unión Europea no es una democracia, ni tampoco puede llegar a serlo por la vía del llamado pacto constitucional. Es más bien un síntoma de los dilemas democráticos a los que se enfrenta el orden liberal.

GLOBALIZACIÓN

Sin embargo, una cosa es innegable: el caso de la UE pone de manifiesto los problemas, y también las posibles soluciones, que presenta un mundo en el que las decisiones se toman cada vez más fuera del Estado nacional. Rápidos movimientos en los mercados financieros también pueden devaluar monedas fuertes (como le sucedió a la libra esterlina en 1993). De las inversiones de empresas transnacionales dependen decenas de miles de puestos de trabajo y de vidas humanas. La decisión de la comunidad internacional (y del Fondo Monetario Internacional o del Banco Mundial) de apoyar a un país tiene consecuencias importantísimas. Lo mismo cabe decir de los acuerdos de la Organización Mundial del Comercio. Y sin embargo ninguno de estos procesos de decisión puede llamarse democrático.

Así pues, globalización significa siempre desdemocratización. No hay ninguna forma de relevar a los que toman las decisiones. No hay mecanismos de control fiables (*checks and balances*). No hay ninguna forma sistemática de integrar los intereses y las opiniones de los afectados, y mucho menos del conjunto de la población mundial, en los procesos de decisión. Finalmente, y esto es algo que quiero subrayar, tampoco estamos yendo hacia una democracia global. El entusiasmo que muestran organizaciones como la World Democracy Campaign, iniciada por Troy Davis, es notable; pero la idea de un parlamento y de un gobierno mundiales pertenece de momento al ámbito de la fantasía, cuando no de la utopía, es decir, de la fantasía más alejada de la realidad.[7]

¿Significa esto que lo único que podemos hacer es constatar el fin de la democracia y resignarnos? Esto sería demasiado poco. Lo que hemos de hacer es impulsar las mejores aplicaciones posibles de los principios de la democracia. Puedo dar algunos ejemplos.

El orden liberal se apoya en dos pilares, la democracia y el imperio de la ley. A diferencia de la democracia, este último también puede desarrollarse a nivel internacional. En este plano, las leyes rigurosas y las sanciones efectivas siguen siendo una excepción. Podemos dudar de que exista un derecho internacional (un derecho internacional público) en el sentido estricto del término. Pero de lo que no cabe duda es de que sus bases ya están puestas. Éstas van desde la Carta de las Naciones Unidas y de su correspondiente «Tribunal» hasta las reglas que ponen ciertos límites al comercio y a la circula-

7. Troy Davis, *Appel pour une démocratie mondiale*, París, Desclée de Brouwer, 1998 (trad. cast.: *A favor de una democracia mundial*, Barcelona, Bellaterra, 1999).

ción de capital, pasando por un incipiente derecho penal internacional.

El artículo 22 de la Constitución de Estados Unidos dice que los presidentes sólo podrán ser reelegidos una vez. Esto normaliza el principio del cambio pacífico. No sería descabellado pensar en la posibilidad de someter a las organizaciones internacionales a una regulación similar. De hecho, en éstas suele ser suficiente con un mandato; en cualquier caso, habría que regular la limitación temporal de los altos cargos.

Existen métodos de control de las decisiones internacionales que todavía no han sido suficientemente desarrollados. Entre ellos están las diferentes formas de rendir cuentas, en el sentido amplio del término. Los informes regulares realizados por grupos de expertos, es decir, de personas no directamente implicadas pero interesadas, serían un método viable. También cabría pensar en la posibilidad de una comisión de control de carácter permanente y cuyos miembros se renovasen de forma regular.

Uno de los motores de la globalización, la disponibilidad de información, también puede ser una forma de control. Probablemente, la información es el método más eficaz para poner límites a un poder global descontrolado. Este método también puede aplicarse de forma sistemática; un buen ejemplo es la organización Transparency International, que denuncia sistemáticamente la corrupción y el engaño en el ámbito internacional. Ésta es una de las funciones de las organizaciones no gubernamentales (ONG), que sólo por esto ya no deberían ser absorbidas por gobiernos y por organizaciones gubernamentales.

¿Y el pueblo? He hablado de las mejores aplicaciones posibles de los principios de la democracia; pero estos principios no conducen a la democracia real. Esto significa que, por el momento, las manifestaciones más o menos espontáneas son la única forma de expresar la voluntad popular. Algunos identifican esta voluntad popular con la «gente de Seattle», es decir, con quienes protestaron contra el Foro Económico Mundial de Seattle, que entre tanto han encontrado aliados en Génova, Washington o Davos y cuyo altavoz es la organización Attac. Ciertamente, la espontaneidad de estos grupos no está fuera de toda duda. Además, su motor, su motivación, suele ser poco clara y sus métodos son bastante desacertados. Pero no podemos pasar por alto que estas manifestaciones cuentan con la aprobación tácita de muchos que no participan en ellas, de lo que se desprende que, en general, los hombres no están dispuestos a aceptar que el proceso de globalización les robe su derecho a participar en la vida de la sociedad.

Amenazas autoritarias y respuestas liberales

El balance de estas consideraciones es decepcionante y en muchos aspectos inquietante. La democracia, lejos de haber triunfado después de la revolución de 1989, está amenazada por todas partes. Si queremos dar un nombre a esta amenaza, podemos hablar de una tendencia al autoritarismo. Autoritarismo no es totalitarismo. Los regímenes totalitarios se basan en la permanente movilización de todos con el objetivo de reforzar un régimen tiránico. El gobierno autoritario, en cambio, vive de la apatía de unos ciudadanos que sólo persiguen sus intereses «privados», mientras que la clase dirigente ha transformado el interés público en su interés de mantenerse en el poder. Esta clase dirigente está integrada por funcionarios que proceden de los cuadros de los partidos, pero también de organizaciones internacionales. Recuerda mucho a los guardias y guardianes del «férreo estuche de la servidumbre», que Max Weber determinó hace casi un siglo como el resultado del gobierno burocrático.[8]

Sin embargo, contra estas tendencias no somos totalmente impotentes. A lo largo de esta conferencia he apuntado reiteradamente algunas vías de solución. Estando en juego la política de la libertad, volveremos a subrayar tres de ellas.

Primero. Pese a Europa y pese a la doble tendencia de la glocalización, el Estado nacional y la democracia parlamentaria de corte clásico siguen siendo la columna vertebral del orden de la libertad. Muchas veces se habla demasiado a la ligera del fin del Estado nacional. De hecho, las políticas de los Estados nacionales siguen siendo las políticas decisivas para las oportunidades de los individuos. Esto es así en materia de política social; también de política educativa, y sobre todo en materia de política cultural; e incluso en materia de política económica, los Estados nacionales tienen un amplio margen de maniobra. Esto significa que países como Alemania y Francia, como España y Gran Bretaña, y también Holanda, Dinamarca, etc., conservan cierta autonomía en todos estos ámbitos. (Adair Turner ha descrito estos márgenes de actuación en los ámbitos de la política eco-

8. Max Weber, *Die Protestantische Ethik I. Eine Aufsatzsammlung*, 5ª ed., Gütersloh, Gütersloher Verlagshaus Mohn, 1979, pág. 188 (trad. cast.: *La ética protestante y el espíritu del capitalismo*, Madrid, Alianza, 2002).

nómica y de la política financiera.)[9] De este modo, los parlamentos nacionales conservan sus funciones más importantes. Es en ellos donde la democracia ha de demostrar su fuerza, hoy y en el futuro. Por lo tanto, es también en el marco nacional donde hay que poner freno a la «dictadura elegida» de funcionarios.

Segundo. Hemos de volver a hablar de los pilares del orden liberal. El imperio de la ley es la otra mitad del orden de la libertad. También él está expuesto a múltiples peligros. Puede degenerar en el imperio de los funcionarios, o al menos en el imperio de los jueces. También puede verse minado por los procesos de globalización que hemos descrito. Recientemente, algunos autores han señalado con razón que, si no hay confianza (*trust*), el mejor sistema jurídico no sirve de nada; pero el mundo anómico no fomenta precisamente la confianza.[10] Así pues, si he puesto tanto énfasis en el imperio de la ley, lo he hecho únicamente con la intención de dar una orientación.

Tercero. En este punto hemos de cantar las excelencias de la sociedad civil. La sociedad civil es el mun-

9. Adair Turner, *Just Capital: The Liberal Economy*, Macmillan, Londres 2001 (trad. cast.: *Capital justo: la economía liberal*, Barcelona, Tusquets, 2003).

10. Claudia von Grote y Meinolf Dierkes (comps.), *Between Understanding and Trust. The Public, Science and Technology*, Amsterdam, Harwood, 2000; Martin Hartmann y Claus Offe (comps.), *Vertrauen. Die Grundlagen sozialen Zusammenhalts*, Francfort del Meno y Nueva York, Campus, 2001; Rainer Schmalz-Bruns y Reinhard Zintl (comps.), *Politisches Vertrauen. Soziale Grundlagen reflexiver Kooperation*, Baden-Baden, Nomos, 2002. «On Trust», las BBC Reith Lectures 2002 de la filósofa británica Onora O'Neill, contienen otras muchas referencias. Estas conferencias aparecerán en BBC Publications.

do de las asociaciones, de las agrupaciones libres y voluntarias de personas; en ellas nos unimos a otros para defender unos intereses comunes. Puede tratarse de una orquesta de instrumentos de viento, de una asociación para la conservación del folclore, para el cuidado de personas enfermas o para la ayuda al desarrollo en Ruanda; los campos de actuación son múltiples, las posibilidades infinitas, y las asociaciones no tienen como resultado una sociedad perfectamente organizada. La sociedad civil es esencialmente un caos creador.

Esto es algo que hay que tener muy presente en el continente europeo, donde las asociaciones de la sociedad civil suelen estar muy próximas al Estado, tal vez demasiado. Últimamente en Gran Bretaña también está ocurriendo lo mismo. El llamado «tercer sector» es acaparado por el «segundo sector», la economía, pero sobre todo por el «primer sector», el Estado. Los programas gubernamentales de política de empleo fijan las tareas de las asociaciones voluntarias; en la Sanidad trabajan cientos de miles de «voluntarios». Las organizaciones no gubernamentales pierden así su independencia, y con ella la fuerza necesaria para hacer frente a las actuales tendencias autoritarias.

Como vemos, el análisis que ahora concluye vuelve a conducirnos a una de las cuestiones más importantes, la necesidad de la existencia de una ciudadanía vigilante y activa. En estas conferencias he hablado muchas veces a favor de la libertad activa. Ésta no es algo obvio, especialmente en el espacio público. Una democracia sin demócratas se destruye a sí misma. Hay que buscar y tantear lo nuevo, descubrir lo falso y rechazarlo; descuidar estos deberes ciudadanos se paga con la libertad. Esto no es ninguna defensa de la politización de la totalidad de la vida. La sociedad civil sólo es política en un sentido amplio, o dicho de otro modo, la acción política no es más que una pequeña parte de la acción social. Sin embargo, sí es una defensa de la actividad. La otra cara del nuevo autoritarismo es la sociedad de los *couch potatoes*, esto es, de los televidentes que pasan sus días sentados en el sofá comiendo patatas fritas, viendo pasar por la pantalla un mundo en el que ya no participan y en el que pronto ya no podrán participar.

6

IDEA DE UNA HISTORIA UNIVERSAL
EN SENTIDO COSMOPOLITA

El desafío cosmopolita

En esta sexta y última conferencia sobre la política de la libertad en un mundo desbocado, hablaremos de las posibles vías para alcanzar objetivos lejanos, de la necesidad de civilizar este mundo indómito, de la sociedad cosmopolita y de la libertad activa. Después de haber conducido a mis pacientes y amables oyentes por las llanuras de la economía y las alturas de la sociología hasta las fronteras de la ciencia política, ha llegado la hora de la filosofía, o peor aún, de la filosofía de la historia. ¿Adónde ha de llevarnos este viaje para el que yo he intentado dar alguna orientación? No sabría dar mejor respuesta a esta pregunta que el título del breve escrito de Immanuel Kant del año 1784: *Idea de una historia universal en sentido cosmopolita*.

La palabra «globalización», actualmente tan de moda, ha acompañado mis consideraciones desde un principio. La realidad de un mundo único no es ni tan nueva ni tan poderosa como pretenden sus partidarios y sus detractores; no obstante, la disponibilidad simultánea y (casi) universal de información tiene consecuencias muy importantes. La globalización ha transformado la economía, la sociedad y la política. La nueva clase global personifica la esperanza de ser inmensamente rico;

la exclusión de esta esperanza, pero también de la participación activa en la vida de la sociedad, crea un resentimiento que puede resultar explosivo. Para mí, como para Anthony Giddens, el conflicto entre cosmopolitismo y fundamentalismo se sitúa precisamente aquí: mientras que los ganadores elevan su experiencia al rango de principio de una sociedad de ciudadanos del mundo, los perdedores se agarran a absolutos arcaicos por los que están dispuestos a todo, incluso a aceptar el martirio de los atentados suicidas.

Como he dicho en reiteradas ocasiones, no existe un espíritu universal que guíe a la historia hacia la consecución de una meta determinada. Somos los hombres quienes damos sentido a la historia; también somos nosotros los que creamos o destruimos oportunidades. Probablemente, nuestras alternativas son mucho más prosaicas de lo que quiere la fantasía. Para aquel que, como yo, sigue antes a Kant y a Popper que a Rousseau, a Hegel o a Marx, ni la utopía de una Arcadia cualquiera ni la pesadilla de la autodestrucción de la humanidad pueden ser un hilo conductor válido para nuestra acción. Pero podemos marcarnos unas metas y esforzarnos por aproximarnos a ellas.

Kant llama a esta meta «la sociedad que aplica universalmente el derecho». En ella, el «orden social conforme a derecho» frena la «libertad salvaje» del estado de naturaleza de Hobbes, esto es, la guerra de todos contra todos, permitiendo la «mayor libertad» que puede alcanzarse en sociedad. En principio, la globalización podría acercarnos a esta meta, pues ¿«de qué vale trabajar aisladamente por un orden social conforme a derecho, es decir, por la organización de una comunidad»? El orden social perfecto presupone un orden mundial análogo, y aunque hasta el momento (¡Kant lo dijo ya en el siglo XVIII!) este orden no sea más que un proyecto, existe la «esperanza de que, tras muchas transformaciones revolucionarias, el fin supremo de la naturaleza, es decir, la consecución de un mundo en cuyo seno puedan desarrollarse todas las potencialidades inherentes al género humano, sea algún día una realidad».

¿Estamos ante una utopía? ¿Es esto el anuncio de una realidad inminente? Así lo parece en el caso de Anthony Giddens, en quien la descripción de la globalización desemboca en la esperanza de que ésta «cree algo que nunca haya existido antes, una sociedad cosmopolita global». La nuestra es la primera generación que vive en esta sociedad. Sus perfiles son todavía poco claros, tampoco es el resultado de una acción consciente, sino que surge de forma inesperada y anárquica. Pero si adaptamos nuestras instituciones a estas tendencias incontenibles, el cosmopolitismo será una realidad.

Ulrich Beck alberga esta misma esperanza, pero se expresa con mayor cautela; él ha leído a Kant. Pese a su título, su «Ideen zu einer republikanischen Moderne in weltbürgerlicher Absicht» hace referencia al otro escrito breve de Kant: *La paz perpetua*. Para Beck, este escrito es «un panfleto pacifista radical presentado en un atractivo y exquisito alemán filosófico». De él ha aprendido dos cosas: que hemos de buscar las «condiciones de posibilidad de la paz» y que es necesario universalizar los «derechos fundamentales». Éste es el «desafío cosmopolita al que se enfrentan las democracias de los Estados nacionales, un desafío que al final del siglo XX, doscientos años después de la publicación del texto de Kant, es más actual que nunca».

Kant, no Rousseau

Aunque uno simpatice con estas ideas, lo cierto es que se prestan a una objeción que vuelve a remitirnos a Kant. Por lo general, quienes comparten la esperanza cosmopolita nos ofrecen la imagen idílica de un mundo sin conflictos. Kant no lo hace así. Él habla de «un Estado cosmopolita que garantice la seguridad de sus ciudadanos, pero que no esté totalmente exento de riesgos, para que así la humanidad no desfallezca». En el cuarto párrafo de su *Idea de una historia universal*, Kant nos lo explica de forma muy plástica. Es el conflicto, el «antagonismo» de las disposiciones naturales de los hombres en la sociedad, su «insociable sociabilidad», lo que constituye el motor del progreso. Sin conflicto, «en una vida bucólica de concordia, modestia y armonía, los talentos de los hombres no germinarían jamás; éstos, mansos como las ovejas que apacientan, apenas lograrían conferir a su existencia más valor que el que tiene su ganado; no llenarían el hueco que la Creación ha previsto para ellos en tanto que naturaleza racional». Hemos de citar unas cuantas líneas más, pues constituyen los fundamentos de la política de la libertad tal como yo la entiendo y la defiendo: «¡Demos gracias a la naturaleza por la insociabilidad, por la eterna rivalidad, por el insaciable deseo de tener y de poder! Sin ellos, las excelsas disposiciones naturales de los hombres permanecerían eternamente aletargadas. El hombre quiere la concordia, pero la naturaleza sabe lo que conviene al género humano: ella quiere la discordia».

En su biografía de Kant, Ernst Cassirer elogia la *Idea de una historia universal*, texto que para él representa «un hito en la historia de las ideas». «Kant sigue hablando el lenguaje de Rousseau, pero en la fundamentación sistemática y metódica de sus ideas está más allá de él» (pág. 238). Dejando aparte la cuestión del «lenguaje de Rousseau», de lo que no cabe duda es de que *El contrato social* y *Emilio*, las dos grandes obras de Rousseau publicadas más de veinte años antes del escrito de Kant, responden a una mentalidad radicalmente distinta. El sueño de una Arcadia eterna recorre sus dos obras. Por el contrario, el realismo y el activismo de Kant es manifiesto. El fastidio de un mundo inmóvil, de un mundo en el que todos los problemas estén resueltos, el fin de la historia, no sólo le parece absurdo e insoportable, sino sobre todo injustificable: lo que los hombres podemos hacer, debemos también quererlo e intentarlo. El idilio de una vida de «concordia, modestia y armonía» es el final de la libertad, la entropía.

No estoy seguro que todos los defensores del ideal cosmopolita hayan asumido completamente estas ideas kantianas. En algunos pensadores contemporáneos como Ulrich Beck, pero también en Jürgen Habermas, se observa cierto retorno de Rousseau. Pero aquí hay que introducir un matiz que para Kant es esencial (aunque a veces pueda quedar oculto tras su referencia al «fin supremo de la naturaleza»). Kant no dice que el ideal cosmopolita vaya a realizarse mañana, dentro de cien años o algún día; él habla del cosmopolitismo como un fin o «sentido». Nuestra acción ha de estar guiada por la voluntad de construir una sociedad cosmopolita. Si de verdad queremos la libertad, pues sólo ella permite el desarrollo de todas nuestras potencialidades (o su «desenvolvimiento», como dice Kant), nuestra acción siempre ha de estar orientada a extender a todos los hombres la «sociedad que aplica universalmente el derecho».

Permítanme que exprese esta idea con mis propias palabras y que después la explique con un par de ejemplos. La libertad es el fin supremo de la *vita activa*, de la actividad pública. Y es indivisible. Por eso es imperfecta mientras siga siendo un privilegio. Ciertamente, los «señores» de Aristóteles eran libres, pero en tanto que señores en los dos sentidos del término (esto es, sin las señoras y con sus esclavos) pagaban un alto precio por su libertad. Eran libres a expensas de otros, es decir, libres en una sociedad sin libertad. El orden liberal, por el contrario, es el orden de la libertad para todos los ciudadanos. Sólo cuando éste sea una realidad, podremos hablar de una sociedad libre.

Estados Unidos

Esto también es válido a nivel mundial. La historiadora norteamericana Jeanne Kirkpatrick, que después sería embajadora de la ONU, no era precisamente un Aristóteles redivivo, pero en su conocido artículo de 1979 sobre «Dictatorships and Double Standards», también plantea una tesis defensora de los privilegios. La democracia y el Estado de derecho, decía la autora, son sólo para unos pocos civilizados. Es vano pretender hacerlos extensivos a todos. De ahí que la política exterior norteamericana considere una pérdida de tiempo intentar convencer a otros de los beneficios de la libertad; lo único que cuenta es quién está con Estados Unidos y quién está contra él. De este modo la doble moral se eleva al rango de principio.

En Estados Unidos, esta doctrina ha venido siendo cuestionada desde el mismo momento en que se publicó el artículo. Hubo muchos que defendieron la tesis contraria, más correcta incluso desde un punto de vista meramente práctico. En efecto, los dictadores que simpatizan con Estados Unidos no suelen ser gente de fiar, pues si bien es cierto que las democracias toleran manifestaciones antiamericanas, jamás urden guerras. Pero el error fundamental de esa doctrina está en otra parte. En tanto que privilegio de unos pocos, la libertad no sólo está siempre amenazada, sino que además es incompleta. Es, por decirlo así, la libertad de las potencias ocupantes. Ésta sólo resulta insoportable si intenta superarse a sí misma, convertirse en otra cosa. Independientemente de los motivos que llevaron a las potencias occidentales a ocupar Alemania después de la Segunda Guerra Mundial, fue su progresiva renuncia al ejercicio de la supremacía lo que ayudó a implantar el orden liberal en el país ocupado.

Llegados a este punto, estamos en condiciones de reformular el imperativo categórico kantiano, que a menudo ha sido tachado de rigorista: obra de tal modo que la máxima de tu acción pueda ser considerada el principio de una sociedad que aplica universalmente el derecho. Dicho de otra forma: cuando persigamos fines concretos, tendremos siempre presente este fin último, por más lejano e inalcanzable que pueda parecernos. Nuestra acción, al menos, no debe dificultar el camino hacia un orden mundial liberal, ni menos cerrarlo.

Este imperativo no es de fácil cumplimiento a principios del siglo XXI. El nuestro es un mundo de viejas y, tal vez, nuevas grandes potencias, pero una sola superpotencia. Si no nos entregamos al sueño utópico de una armonía alcanzable a través de un discurso libre de dominación, la superpotencia norteamericana plantea preguntas decisivas sobre el futuro orden mundial. El hecho de que Estados Unidos sea un país democrático y de que, además, se sienta comprometido con los valores de sus fundadores —y por lo tanto con ese mundo ilustrado que representa Kant—, ya es algo, pero esto no cambia el desequilibro de poder existente en el mundo. La política unilateral de la superpotencia mundial, es decir, la aplicación de las teorías de Jeanne Kirkpatrick, constituye un obstáculo para la consecución del orden liberal que aquí defendemos.

Ejemplos no faltan. La negativa de Estados Unidos a firmar el Protocolo de Kyoto o a reconocer una Corte Penal Internacional está todavía en la memoria de todos. Por otra parte, todos sabemos quién lidera la llamada «coalición militar» para la lucha contra el terrorismo. Este liderazgo ya se puso de manifiesto en intervenciones militares anteriores y está clarísimo en el caso de Irak. Ante estos hechos, ¿qué principio ha de guiar la acción de todos los demás, y especialmente de los europeos? No, diría yo, el distanciamiento de Estados Unidos, ni menos todavía un comportamiento movido por un sentimiento antiamericano. Tampoco, algo que a algunos les resultará difícil de aceptar, la pretensión de construir una especie de contrapoder. Este intento está condenado al fracaso, pues el poder de un país no depende esencialmente de lo grande que sea, por más impresionantes que puedan parecernos las cifras relativas a la población o al producto nacional bruto de Europa. Europa nunca será una superpotencia con unos intereses y un peso similar al de Estados Unidos. Es tan artificial como la moneda que se ha dado a sí misma, en la que además no hay ningún monumento ni ninguna cara que sean de verdad.

La única alternativa realista es el acercamiento a Estados Unidos, y esto empieza por ver en él un aliado. Pero este acercamiento no ha de ser ninguna táctica, sino que ha de responder al reconocimiento de unos valores comunes. El paso siguiente es tratar de influir en él, trabajar por la realización efectiva de los valores ilustrados compartidos, relegando a un segundo plano los intereses y los objetivos inmediatos. Esto es válido para el caso de los presos de Guantánamo, así como para los temas de la administración de justicia a nivel internacional y la conservación del medio ambiente; pero también para la lucha contra el terrorismo y la guerra preventiva contra quienes poseen peligrosas armas de destrucción masiva, es decir, para las «coaliciones» cuya finalidad es la defensa de unos valores comunes.

Pero este acercamiento a la superpotencia para tratar de influir en ella no sólo vale en materia de derecho y de defensa. El poder de Estados Unidos se ha visto reforzado por el hecho de que el orden económico que este país representa, el neoliberalismo, ha logrado superar la dura prueba de la globalización. Con el «consenso de Washington», el orden neoliberal se ha convertido en el hilo conductor para la creación de organizaciones internacionales como el FMI o la Organización Mundial de Comercio. Ciertamente, las variantes de este orden tienen muchas más posibilidades de las que creen quienes lo defienden dogmáticamente, pero en todo caso se trata precisamente de eso, de variantes de un mismo principio.

Mi claridad podrá herir a muchos europeos, pero si hablo de este modo es porque estoy plenamente convencido de la posición kantiana. Detrás de la reformulación cosmopolita del imperativo categórico no está precisamente el sueño de un diálogo permanente y armónico entre iguales. El mundo del que estoy hablando está muy alejado del de Rousseau o del de Habermas. En este punto creo que merece la pena volver a citar parte del texto de Kant que me ha servido de guía: «¡Demos gracias a la naturaleza por la insociabilidad, por la eterna rivalidad, por el insaciable deseo de tener y de poder!». Independientemente de qué sea esa «naturaleza» invocada por Kant, lo cierto es que la rivalidad impulsa a actuar, y el deseo de tener y de poder son clave en un mundo que quiere y busca el progreso. Quien se proponga eliminarlos, no sólo fracasará, sino que acabará antes en una tiranía que en la Arcadia.

CONSTRUIR LA DEMOCRACIA

Ciertamente, esto no es todo cuanto podemos decir de nuestros objetivos y posibilidades; tampoco es todo cuanto podemos decir de Europa. La superpotencia suele impacientarse cuando ya no se trata simplemente de dar caza a terroristas guarecidos en sus cuevas. Normalmente, deja a los demás la difícil y costosa tarea de construir instituciones duraderas que sustenten una sociedad basada en la legalidad e incluso democrática. Aunque siga a la acción militar, esta tarea no es en absoluto secundaria. En fin de cuentas, la paz duradera depende de la existencia de órdenes liberales legítimos, es decir, aceptados por los ciudadanos, en el mayor número posible de países. Pese a mi gran simpatía por la Worl Democracy Campaign (fundada principalmente por activistas norteamericanos), las instituciones democráticas globales no me parecen un proyecto realista.

Una democracia mundial es una utopía, no así un mundo de democracias.

En este ámbito, como en cualquier otro, lo fundamental es dar ejemplos de éxito. Quien pretenda resolver todos los problemas de una sola vez, acabará no resolviendo ninguno. A mi entender, el futuro de Turquía es clave para el éxito de Europa. Aunque en este país no hay una lucha por la supremacía entre cosmopolitas y fundamentalistas, sí existe un enfrentamiento entre los adeptos ilustrados y premodernos del islam. Turquía está a punto de perder el precario equilibrio que mantiene entre su estatuto de país industrial moderno y la amenazante involución hacia una sociedad feudal desarraigada. La integración de Turquía en la Unión podrá tener importancia, pero el verdadero reto de Europa es fomentar en su entorno inmediato un modelo exitoso de modernización sin crear nuevas dependencias.

Hay otras posibilidades de acercarse a la superpotencia y de influir en ella en pro del establecimiento de un orden liberal en el mundo. El «consenso de Washington» no tiene por qué ser la última palabra en política económica y social. En este proyecto de una política de la libertad para el siglo XXI, he subrayado una y otra vez que globalización no significa, o no debería significar, uniformidad. Hay otras formas de cultura económica además de las que ofrecen los libros de texto neoliberales de Chicago. La ecuación de éxito económico y cohesión social en condiciones de libertad permite soluciones muy diversas. Italia, Alemania y Gran Bretaña, así como Corea, Japón y otros países, han hecho sus particulares aportaciones a la economía liberal y todas ellas pueden resistir los vientos de los mercados globales. El hecho de que exista una superpotencia no significa que sus principios hayan de prevalecer en todo momento y en todas partes.

Esto también es válido para esas cuestiones del orden mundial que están relacionadas con el establecimiento de unas normas jurídicas y de las correspondientes instituciones. Ciertamente, los órdenes multilaterales son siempre el deseo de los débiles, pero de vez en cuando los débiles pueden llevar a los fuertes a acatar dichos órdenes. La fundación de las Naciones Unidas en 1945 fue sin duda un ejemplo irrepetible; tuvo lugar en un momento en el que las estructuras mundiales de poder estaban en ciernes y en el que los países relativamente poderosos también confiaban en beneficiarse de una acción multilateral. Hoy, las difusas relaciones de poder han de ser sustituidas por la apelación a unos valores comunes, a lo que puede contribuir el hecho de que los acuerdos multilaterales frenan a tiempo a aquellos que en el futuro podrían competir por el poder.

Una democracia mundial es imposible, al menos en el sentido estricto del término. Un imperio mundial de la ley, en cambio, no es impensable. Todavía estamos muy lejos de esta situación; de hecho, el derecho internacional sigue estando más cerca de los postulados morales que de las normas cuyo incumplimiento comporta automáticamente una sanción. No obstante, ya hay signos del surgimiento o de la creación de estas normas. De cuando en cuando, son los mismos pecadores los que buscan el camino de la virtud, pues en fin de cuentas sólo ella da la confianza necesaria; pienso en los agentes de los mercados financieros internacionales. La cuestión del estatuto de los presos de Guantánamo también ha reforzado la validez de las normas, en este caso de las que se refieren al tratamiento de prisioneros en general. Todo aquello que contribuya a reforzar el derecho vigente en el mundo —se trate del derecho privado, del derecho penal o del derecho internacional público en sentido estricto— está en consonancia con el imperativo categórico arriba formulado.

Todo esto son tareas inmensas y lejanas, e incluso tienen algo de visionario. Pero actuar conforme a este imperativo categórico comporta también otras tareas. Siempre es importante mirar más allá de las comunidades que nos son familiares. En este punto, los inmigrantes y quienes solicitan asilo nos plantean una pregunta muy concreta. ¿Los tratamos conforme a las máximas que pueden ser consideradas el principio de un orden cosmopolita conforme al derecho? La respuesta no es sencilla; en un mundo desbocado, las culturas que procuran un asidero también pueden tener derecho a la integridad. Más sencilla es, al menos en teoría, la cuestión de los principios del comercio mundial. Si se abusa de ellos para que los ricos sigan enriqueciéndose a expensas de los pobres, sin duda estamos ante una violación del imperativo categórico. Esto es algo que siempre deberíamos tener en cuenta cuando escuchemos hablar del comercio de productos agrícolas o textiles. Pero además hay que recordar que esto no afecta solamente a nuestros gobernantes. El imperativo categórico de la sociedad cosmopolita también es válido para todas las organizaciones no gubernamentales, y para todos y cada uno de nosotros.

No sé si exclamaría con Ulrich Beck: «¡Ciudadanos del mundo, uníos!»; pero, al igual que él, yo también estoy con esos incómodos ciudadanos del mundo que reflexionan constantemente sobre los conflictos. El proyecto de una sociedad cosmopolita no es un mundo idílico, sino un mundo en el que los conflictos (en palabras de Beck) «sean a la vez reconocidos y resueltos conforme a unas reglas acordadas y aseguradas institucionalmente». Sólo quisiera hacer una pequeña, pero importante observación en relación con la palabra «acordadas». Los acuerdos sólo se cumplen cuando detrás de ellos existe un poder sancionador. Jamás lograremos eliminar el poder, y en vez de intentarlo lo que deberíamos hacer es concentrarnos en ponerle freno.

El progreso es posible

¿Lo conseguiremos? ¿Podremos avanzar hacia un mundo mejor? Este ciclo de conferencias se abría con las palabras que Harold Macmillan pronunció en 1957: «Nunca nos ha ido tan bien como ahora». Desde entonces hemos hablado muchas veces de las restricciones («pero») y de las condiciones («si») que deben acompañar a esta afirmación, las primeras relacionadas con nuestro análisis y las segundas con las esperanzas liberales. Ahora, al final de este viaje intelectual, hemos de abordar directamente la cuestión de «si el género humano progresa constantemente hacia algo mejor».

Esta formulación también procede de Kant, aunque de un Kant más escéptico que el que escribió la *Idea de una historia universal*, pues mientras tanto había tenido lugar la Revolución francesa (desde las esperanzas de los primeros días hasta Termidor y la guillotina), y las primeras campañas del general Bonaparte habían ofrecido ya un anticipo de lo que iba a ser el imperialismo napoleónico. Como Kant siempre entendió lo «mejor» como la limitación del poder a través del derecho, en 1798 ya no estaba tan seguro como en 1784 de que la razón también pudiese abrir una perspectiva real de futuro, y menos aún de que «la continua mejora de la situación en esta parte del mundo [...] pueda servir alguna vez de modelo para el resto».

Nosotros, que no sólo tenemos en mente la peripecia de una revolución y sus víctimas, sino el siglo xx y todas sus catástrofes, lo tenemos aún más difícil que Kant. Las dos guerras mundiales, pero sobre todo el Holocausto, Stalin, el terror del régimen maoísta, las guerras genocidas en África, etc., hacen que nos cueste pronunciar la palabra progreso. En cualquier caso, lo que no haremos es hablar de «*constante* progreso hacia algo mejor».

Sin embargo, los supervivientes tienen derecho a examinar las ideas de Kant. En 1798, Kant todavía pronosticaba una disminución de la «opresión de los poderosos» y un mayor «acatamiento de la ley», menos «disputas» y más «benevolencia», y también un aumento de eso que hoy llamamos *trust*, la «confianza en la palabra dada, etc.», todo lo cual «se extenderá a las relaciones que los pueblos mantienen los unos con los otros y finalmente a todo el mundo». Kant dice «se extenderá», y no «podría extenderse», pero inmediatamente restringe esta afirmación diciendo que «no debemos esperar demasiado de este progreso del hombre hacia algo mejor», y después hasta se permite alguna broma. Cuenta la historia del «médico que consuela día a día a sus pacientes diciéndoles que observa en ellos una clara mejoría», y cuando un amigo le pregunta cómo le va a él, el médico responde: «¿Cómo ha de irme? ¡Me muero de clara mejoría!».

En nuestro análisis, «mejorar» significa: más oportunidades para un mayor número de individuos. Como ya he dicho, las oportunidades son opciones, es decir, dependen de la existencia de unos derechos y de una oferta de alternativas. Si consideramos las sociedades actuales más afortunadas, digamos el Primer Mundo, no podemos menos de constatar que en ellas las oportunidades han alcanzado un nivel nunca visto. De esto se sigue al menos que, en los albores del siglo xxi, en muchas partes de la OCDE la abundancia de oportunidades es la norma. Muchas oportunidades para muchos, esto no es solamente una posibilidad, sino una realidad, al menos hoy. No es ninguna utopía.

Pero ¿cuántos gozan de estas oportunidades, o más bien, cuántos no pueden hacerlo? Esta pregunta ya es más difícil de responder. El estadístico danés Björn Lomborg se sirve de porcentajes para hacer la siguiente predicción: «En los últimos treinta años, el número de personas que pasan hambre en los países en vías de desarrollo ha descendido del 35 al 18%, y en el año 2030 será del 6%». En cifras absolutas, sin embargo, esta imagen es ya muy distinta, y lo que suceda dentro de treinta años nadie puede saberlo, ni siquiera el estadístico. No obstante, hay razones para creer que hoy los hombres tienen más oportunidades que nunca. La revolución de 1989 y la globalización han abierto puertas que hasta entonces habían permanecido cerradas.

Pero lo que estas afirmaciones pasan por alto es el mundo desatado, el otro tema de estas conferencias. Las oportunidades sólo tienen sentido cuando las opciones están inscritas en las coordenadas de la solidaridad, la integración y la cohesión. Si la sociedad se desmorona e irrumpe la anomia, todas las posibilidades de elegir son aniquiladas. Si todo es igual de válido, entonces todo pierde valor y se torna indiferente. En este sentido, la historia de las últimas décadas es bastante desalentadora. Incluso el cosmopolitismo, del que hemos hablado en esta última conferencia, crea vínculos demasiado abstractos como para poder acabar con la anomia. Por mejor que nos suene la idea de una sociedad cosmopolita, hemos de preguntarnos si crea algún tipo de ligaduras, alguna forma de cohesión. No obstante, yo tampoco soy tan pesimista como quienes se agarran a ese clavo ardiendo que son los vínculos absolutos. Kant (para citarlo por última vez) cree que la fuerza moral, la «participación en el bien», moviliza también el «afecto», el «entusiasmo» de los hombres, por lo que puede contribuir a superar la relativa frialdad del derecho. Tal vez sea precisamente la insociable sociabilidad lo que engendra la sociedad e incluso la unión entre los hombres. La anomia no dura siempre, y si existe la resistencia suficiente para impedir su transformación en tiranía, las fuerzas de la sociabilidad engendrarán las estructuras en las que el antagonismo de los egoísmos individuales nos permita seguir avanzando.

Para terminar: estas cosas no vienen solas. Todo puede ser de otro modo. Si dejamos de buscar lo nuevo por miedo a equivocarnos, el aumento de las oportunidades corre peligro, y con él nuestra libertad. La libertad activa, que he defendido continuamente en estas conferencias, ha de ser nuestra máxima suprema.

ÍNDICE DE NOMBRES